Das Alphabet

		名　称	音　価				名　称	音　価
A	a	[aː]	[aː] [a]		Ä	ä	[ɛː]	[ɛː] [ɛ]
B	b	[beː]	[b] [p]					
C	c	[tseː]	[k]					
D	d	[deː]	[d] [t]					
E	e	[eː]	[eː] [ɛ] [ə]					
F	f	[ɛf]	[f]					
G	g	[geː]	[g] [k]					
H	h	[haː]	[h] [ː]					
I	i	[iː]	[iː] [i] [ɪ]					
J	j	[jɔt]	[j]					
K	k	[kaː]	[k]					
L	l	[ɛl]	[l]					
M	m	[ɛm]	[m]					
N	n	[ɛn]	[n]					
O	o	[oː]	[oː] [ɔ]		Ö	ö	[øː]	[øː] [œ]
P	p	[peː]	[p]					
Q	q	[kuː]	[kv] (← qu)					
R	r	[ɛr]	[r]					
S	s	[ɛs]	[s] [z]					
T	t	[teː]	[t]					
U	u	[uː]	[uː] [ʊ]		Ü	ü	[yː]	[yː] [ʏ]
V	v	[faʊ]	[f] まれに [v]					
W	w	[veː]	[v]					
X	x	[ɪks]	[ks]					
Y	y	[ýpsilɔn]	[yː] [ʏ]					
Z	z	[tsɛt]	[ts]					
	ß	[ɛstsɛ́t]	[s]					

PROMENADE
Deutsch 3. Auflage
Kohei OGIWARA / Yasutaka YAMASAKI

HAKUSUISHA

───── 音声ダウンロード ─────

 音声データは白水社ホームページ（http://www.hakusuisha.co.jp/download/）からダウンロードすることができます。（お問い合わせ先：text@hakusuisha.co.jp）

DL 02　ダウンロード音源収録箇所（94〜100 は欠番）

吹 込 者：石原アンナ

表紙イラスト　　高田美穂子

本文イラスト　　鹿野理恵子

装丁・本文レイアウト　森デザイン室

はじめに

　この本は初級ドイツ語文法の教科書です。

　はじめて学ぶドイツ語は、未知の世界であるために、きっとすべてが新鮮に感じられるでしょう。ですが同時に、はじめてであるからこそ、必要以上にむずかしく感じたり、複雑に考えてしまいがちです。

　わたしたち著者は、初学者のみなさんができるだけすっきりと、余計な回り道をせずにドイツ語を学べるよう、本書の中心に、**コンパクト**、**ストレスフリー**、**練習中心**の３つの柱をたてました。

コンパクト

① 　学習する文法事項は、必要最小限のコンパクトな内容にしぼった。
② 　説明をコンパクトにするかわりに、図や表による視覚的な理解をはかった。
③ 　余分な説明を省くことでスムーズな理解をはかり、同時に教員の解説のじゃまにならないように心がけた。

ストレスフリー

① 　順を追って学習できるように、それ以前に習っていない未習の内容は排除した。
② 　必要最低限の例外事項や注意点は、欄外に（ステップアップ）の項を設けて、そこで説明した。
③ 　初学者の語彙力に配慮して、単語はごく基本的なものをくりかえして使用した。

練習中心

① 　１回の授業時間に配慮しつつ、しかしできるだけ練習問題を用意した。
② 　練習問題は、なるべく平易なものから始まるようにした。
③ 　別冊問題集により、練習の質と量を充実させるようにした。

　以上のコンセプトのもと、この教科書は無理に高いところを目指すのではなく、これだけあればまずは十分という内容にねらいを定めています。いきなり山登りをはじめるのではなく、知らない街をふらっと散歩するような気持ちでドイツ語を勉強してみてください。そのためにこの教科書『プロムナード』（散歩道・遊歩道）が役に立てばとてもうれしく思います。

　第３版の刊行にあたり、本書のコンセプトをさらに生かすべく、文法事項の解説、例文、練習問題をすべて見直しました。より学びやすい教科書に生まれ変わっていればよいのですが。本書がドイツ語を学ぶみなさんの役に立つことを心より願っています。

2024 年春　著者

目次

各課は文法事項の解説と以下の３つのパートから成り立っています。
- ● Übungen（基本練習）　　学習した文法事項を定着させるトレーニング
- ● Fortschritt（発展練習）　独作文を中心とした実践的トレーニング
- ● ステップアップ　　　　さらに理解を深めるための補足的な説明

国名	首都
Deutschland　ドイツ連邦共和国 Bundesrepublik Deutschland（＝BRD）	Berlin　ベルリン
Österreich　オーストリア共和国 Republik Österreich	Wien　ウィーン
die **Schweiz**　スイス連邦 Schweizerische Eidgenossenschaft	Bern　ベルン
Luxemburg　ルクセンブルク大公国 Großherzogtum Luxemburg	Luxemburg　ルクセンブルク
Liechtenstein　リヒテンシュタイン公国 Fürstentum Liechtenstein	Vaduz　ファドゥーツ

◎ドイツ語のアルファベット　**das Alphabet**

A a [アー]		**P p** [ペー]	
B b [ベー]		**Q q** [クー]	
C c [ツェー]		**R r** [エル]	
D d [デー]		**S s** [エス]	
E e [エー]		**T t** [テー]	
F f [エフ]		**U u** [ウー]	
G g [ゲー]		**V v** [ファオ]	
H h [ハー]		**W w** [ヴェー]	
I i [イー]		**X x** [イクス]	
J j [ヨット]		**Y y** [ユプスィロン]	
K k [カー]		**Z z** [ツェット]	
L l [エル]		**Ä ä** [エー]	
M m [エム]		**Ö ö** [エー]	
N n [エヌ]		**Ü ü** [ユー]	
O o [オー]		**ß** [エスツェット]	

◎基本的なあいさつ

Guten Morgen!	おはよう。
Guten Tag!	こんにちは。
Guten Abend!	こんばんは。
Gute Nacht!	おやすみ。
Hallo!	やぁ。
Auf Wiedersehen!	さようなら。
Tschüs!	バイバイ。
Wie geht es dir (Ihnen)?	元気ですか？
— Danke gut. Und dir (Ihnen)?	ありがとう、元気です。君は（あなたは）？
Danke schön! — Bitte schön!	どうもありがとう。—どういたしまして。
Entschuldigung!/Entschuldigen Sie!	すみません！（呼びかけ）
（男性に対して）Herr Müller	ミュラーさん
（女性に対して）Frau Müller	ミュラーさん

ドイツ語の発音

1. 発音の3大原則 `DL 04`

①原則としてローマ字読み　　　　Garten 庭　　　Ball ボール　　　finden 見つける

②アクセントは最初の母音に置く　**O**nkel おじ　　　**Ta**nte おば　　　d**e**nken 考える

③アクセントのある母音の長短

　後ろに子音が1つだけ　　　→　母音を長く読む　　N**a**me 名前　　　g**u**t よい

　後ろに子音が2つ以上連続　→　母音を短く読む　　tr**i**nken 飲む　　　k**a**lt 冷たい

・ドイツ語では、名詞は文中でもかならず**大文字**で書き始めます。

2. 母音

◎注意が必要な母音 `DL 05`

ä ［エー］［エ］*　　D**ä**nemark デンマーク　　G**ä**ste 客[複]　　　h**ä**ngen 掛ける　　Tr**ä**ne 涙
　　　　　　　　*日本語の［エ］とほぼ同じ音

ö ［エー］［エ］*　　h**ö**ren 聞く　　　K**ö**ln ケルン　　　k**ö**nnen …できる　**Ö**l 油
　　　　　　　　*「オ」の口の形で「エ（ー）」と発音する

ü ［ユー］［ユ］*　　Gl**ü**ck 幸運　　　gr**ü**n 緑の　　　m**ü**de 疲れた　　m**ü**ssen …しなければならない
　　　　　　　　*「ウ」の口の形で「イ（ー）」と発音する

`DL 06`

ei ［アイ］　　**ei**ns （数字の）1　　**Ei**s アイス　　　kl**ei**n 小さい　　n**ei**n いいえ

ie ［イー］　　Br**ie**f 手紙　　　fl**ie**gen 飛ぶ　　　l**ie**ben 愛する　　t**ie**f 深い

eu/äu ［オイ］　　**Eu**ro ユーロ　　　h**eu**te きょう　　　n**eu** 新しい　　B**äu**me 木[複]

母音＋**h**　→　hは発音せずに、前の母音をのばして読む　`DL 07`

　　　　　　　　B**ah**nhof 駅　　　f**ah**ren （乗り物で）行く　　g**eh**en 行く　　i**h**n 彼を

3. 子音

DL 08

j [ヤ行] の音	**j**a はい	**J**acke 上着	**J**apan 日本	**J**uni 6月
v [フ]	**V**ogel 鳥	**V**olk 国民	**v**oll いっぱいの	**v**iel たくさんの
w [ヴ]	**w**ann いつ	**W**elt 世界	**w**issen 知っている	**W**ort 単語
z [ツ]	tan**z**en 踊る	**Z**eit 時間	**Z**oo 動物園	**z**u …へ
ß →sの音	Fu**ß**ball サッカー	gro**ß** 大きい	hei**ß**en …という名である	wei**ß** 白い

◎注意が必要な子音

DL 09

語末の **-b, -d, -g** → 濁らずに [プ] [ト] [ク]

	gel**b** 黄色の	Han**d** 手	Kin**d** 子供	Ta**g** 日

s ＋母音 → [ザ行] (s は濁った音に)

	sagen 言う	**s**ein …である	**S**onne 太陽	le**s**en 読む

語頭の **sp-** [シュプ]

	Spaß 楽しみ	**sp**ät 遅い	**sp**ielen 遊ぶ	**Sp**ort スポーツ

語頭の **st-** [シュト]

	stark 強い	**St**raße 通り	**St**uhl イス	**St**unde (単位としての)時間

sch [シュ]

	schenken プレゼントする	**Sch**ule 学校	Ta**sch**e バッグ	Ti**sch** テーブル

tsch [チュ]

	Deu**tsch** ドイツ語	**tsch**üs バイバイ

ch

DL 10

(1) a/o/u/au の後 → [ハ／ホ／フ／ホ]

	Na**ch**t 夜	no**ch** まだ	Bu**ch** 本	au**ch** …もまた

(2) それ以外 [ヒ]

	China 中国	i**ch** 私は	Kir**ch**e 教会	Mil**ch** ミルク

chs [クス]

	Da**chs**hund ダックスフント	se**chs** (数字の)6

語末の **-ig** [イヒ]

	bill**ig** 安い	Kön**ig** 王さま

ds, tz [ツ]

	aben**ds** 夕方に	je**tz**t 今	Ka**tz**e ネコ	Pla**tz** 広場

語末・音節末の **-er** [アー] ／ **-r** [ア]

	Vat**er** 父	Mutt**er** 母	**er** 彼は	wi**r** 私たちは

人称代名詞と動詞の現在人称変化

1. 人称代名詞

DL 11

1人称	**ich** 私は (*I*)		**wir** 私たちは (*we*)
2人称（親称）	**du** 君は (*you*)		**ihr** 君たちは (*you*)
3人称	**er** 彼は (*he*) **sie** 彼女は (*she*) **es** それは (*it*)	**sie**	彼らは 彼女たちは (*they*) それらは

2人称（敬称）	**Sie** あなたは (*you*)		**Sie** あなたたちは (*you*)

・ドイツ語の2人称には、家族や友人など距離の近い人に対して使う**親称**と、距離のある人に使う **敬称**の2種類があります。敬称の **Sie** は頭文字をつねに大文字で書きます。

2. 動詞の人称変化

DL 12

ドイツ語の一般動詞は **〜 en** という形をしています。「〜」の部分を**語幹**、「en」の部分を**語尾**といいます。

語幹　語尾
〜｜en

・動詞は主語に合わせて、語尾を変えます。（動詞の人称変化）
・動詞の変化前の形（原形）を**不定形**、主語に合わせて変化した形を**定形**といいます。

	動詞の語尾	例) lernen 学ぶ	kommen 来る
ich	〜 **e**	lern-**e**	komm-**e**
du	〜 **st**	lern-**st**	komm-**st**
er/sie/es	〜 **t**	lern-**t**	komm-**t**
wir	〜 **en**	lern-**en**	komm-**en**
ihr	〜 **t**	lern-**t**	komm-**t**
sie	〜 **en**	lern-**en**	komm-**en**
Sie	〜 **en**	lern-**en**	komm-**en**

Ich **lerne** Deutsch.　　私はドイツ語を学ぶ。
Er **lernt** Deutsch.　　彼はドイツ語を学ぶ。
Wir **lernen** Deutsch.　　私たちはドイツ語を学ぶ。

3. sein と haben

sein は英語の be 動詞、haben は *have* にあたる重要な動詞です。不規則な変化をします。

不定形	sein …である	haben 持っている
ich	**bin**	habe
du	**bist**	**hast**
er/sie/es	**ist**	**hat**
wir	**sind**	haben
ihr	**seid**	habt
sie	**sind**	haben
Sie	**sind**	haben

Ich **bin** Student. 私は大学生です。

Er **ist** Japaner. 彼は日本人です。

Wir **sind** jung. 私たちは若い。

Ich **habe** Hunger. 私は空腹です。
（＝空腹を持っている）

Hast du Zeit? 君は時間がありますか？
（＝時間を持っていますか）

Er **hat** ein Auto. 彼はクルマを持っています。

4. ドイツ語の語順

ドイツ語は文の種類によって語順が決まっています。ポイントは動詞の位置です。

◎平叙文

・動詞はかならず前から2番目（定形第2位の原則）

Ich **lerne** heute Deutsch.
私はきょうドイツ語を学びます。

・主語以外のものが1番目にきてもよい

Heute **lerne** ich Deutsch.
きょう私はドイツ語を学びます。

◎決定疑問文（YES・NO 疑問文）

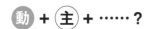

Lernst du Deutsch? 君はドイツ語を学んでいますか？

— **Ja,** ich lerne Deutsch.
はい、私はドイツ語を学んでいます。

— **Nein,** ich lerne Japanisch.
いいえ、私は日本語を学んでいます。

◎補足疑問文（疑問詞を使う疑問文）

Wo **wohnen** Sie? あなたはどこに住んでいますか？

— Ich wohne in Köln. 私はケルンに住んでいます。

Woher **kommst** du? 君はどこの出身ですか？
（＝どこから来ていますか）

— Ich komme aus Deutschland.
私はドイツの出身です。（＝ドイツから来ています）

ÜBUNGEN

1 次の動詞を語幹と語尾に分け、主語に合わせて人称変化させなさい。 `DL 15`

gehen（行く）　　kaufen（買う）　　trinken（飲む）　　wohnen（住んでいる）

2 （　）の動詞を定形に直しなさい。 `DL 16`

① Ich ＿＿＿＿＿＿＿ Makoto Sato.　(heißen)　　私はサトウマコトという名前です。

② Ich ＿＿＿＿＿＿＿ Kaffee.　(trinken)　　私はコーヒーを飲みます。

③ Er ＿＿＿＿＿＿＿ Biologie.　(studieren)　　彼は生物学を専攻しています。

④ Wir ＿＿＿＿＿＿＿ Deutsch.　(lernen)　　私たちはドイツ語を学んでいます。

⑤ Sie ＿＿＿＿＿＿＿ in Berlin.　(wohnen)　　彼女はベルリンに住んでいます。

⑥ Sie ＿＿＿＿＿＿＿ aus Hamburg.　(kommen)　　彼らはハンブルクの出身です。（＝から来ています）

3 sein と haben を定形に直しなさい。 `DL 17`

① Ich ＿＿＿＿＿＿ Thomas. (sein)　　私はトーマスです。

② Du ＿＿＿＿＿＿ nett. (sein)　　君は優しいね。

③ Er ＿＿＿＿＿＿ Student. (sein)　　彼は大学生です。

④ Sie ＿＿＿＿＿＿ Studentin. (sein)　　彼女は大学生です。

⑤ Wir ＿＿＿＿＿＿ in Deutschland. (sein)　　私たちはドイツにいます。

⑥ Sie ＿＿＿＿＿＿ freundlich. (sein)　　彼らは親切です。

⑦ Herr Tanaka ＿＿＿＿＿＿ Lehrer. (sein)　　タナカさんは教師です。

⑧ Barbara und Thomas ＿＿＿＿＿＿ Studenten. (sein)　　バルバラとトーマスは大学生です。

⑨ Ich ＿＿＿＿＿＿ Durst. (haben)　　私はのどが渇いています。

⑩ Sie ＿＿＿＿＿＿ einen Bruder. (haben)　　彼女は兄弟がひとりいます。

⑪ Wir ＿＿＿＿＿＿ heute Zeit. (haben)　　私たちはきょう時間があります。

4 語順に注意して、ドイツ語に直しなさい。（①〜②は下線部を文頭に） `DL 18`

① <u>私は</u>きょうテニスをします。　　＿＿＿＿＿＿＿＿＿＿＿＿＿＿＿＿＿＿＿＿＿

② <u>きょう</u>私はテニスをします。　　＿＿＿＿＿＿＿＿＿＿＿＿＿＿＿＿＿＿＿＿＿

③ 君はテニスをしますか？　　＿＿＿＿＿＿＿＿＿＿＿＿＿＿＿＿＿＿＿＿＿

④ 君はいつテニスをしますか？　　＿＿＿＿＿＿＿＿＿＿＿＿＿＿＿＿＿＿＿＿＿

【単語】 きょう heute ／テニス Tennis ／（スポーツを）する spielen ／いつ wann

FORTSCHRITT

ドイツ語に訳しなさい。（下線部には疑問詞を使うこと）　　　　　　　　　　　DL 19

① 私はドイツ語（Deutsch）を学んでいます（lernen）。ユカは英語（Englisch）を学んでいます。

- -

② 君はコーヒー（Kaffee）を飲みますか（trinken）？ ― いいえ、私は紅茶（Tee）を飲みます。

- -

③ 君は何を専攻していますか（studieren）？ ― 私は数学（Mathematik）を専攻しています。

- -

④ あなたは学生（Student）ですか（sein）？ ― はい、私は学生です。

- -

ステップアップ

◎おもな疑問詞

wer 誰が（*who*）	**was** 何が／何を（*what*）	**wo** どこに／どこで（*where*）
wann いつ（*when*）	**warum** なぜ（*why*）	**wie** どのように（*how*）
wohin どこへ	**woher** どこから	

◎動詞の変化にちょっと注意！

　arbeit-en（働く）、find-en（見つける）のように語幹が -t、-d で終わる動詞は、主語が du、er/sie/es、ihr の３か所で語幹と語尾のあいだに「e」をはさみます。発音しやすくするためです。

　また reis-en（旅行する）、heiß-en（…という名である）のように語幹が -s、-ß、-tz、-z で終わる動詞は、主語が du のとき、語尾は t だけつけます。

	arbeiten	finden	reisen	heißen
ich	arbeite	finde	reise	heiße
du	arbeit-e-st	find-e-st	reis-t	heiß-t
er/sie/es	arbeit-e-t	find-e-t	reist	heißt
wir	arbeiten	finden	reisen	heißen
ihr	arbeit-e-t	find-e-t	reist	heißt
sie	arbeiten	finden	reisen	heißen
Sie	arbeiten	finden	reisen	heißen

Wo **arbeitest** du?　　　 ― Ich arbeite in Yokohama.
君はどこで働いているの？　　　私は横浜で働いています。
Wie **heißt** du?　　　　　 ― Ich heiße Thomas.
君は何という名前ですか？　　　私はトーマスという名前です。

13

名詞の性と格

1. 名詞の性　　　　　　　　　　　　　　　　　　　　　　　`DL 20`

ドイツ語の名詞は**男性名詞・女性名詞・中性名詞**の３グループに分かれています。

男性名詞		女性名詞		中性名詞	
der Mann	男性	**die** Frau	女性	**das** Kind	子供
der Tisch	机	**die** Tasche	バッグ	**das** Buch	本
der Monat	月（暦の）	**die** Woche	週	**das** Jahr	年

・名詞は文中でもかならず頭文字を大文字で書きます。
・名詞は文法上の**性**によって、前につける冠詞の形が異なります。

2. 名詞の格　　　　　　　　　　　　　　　　　　　　　　　`DL 21`

名詞は文中での役割（主語か目的語かなど）によって、４つの**格**をもちます。

1格（主語）	「～は／～が」	**Der Mann** ist Lehrer.	その男性は教師です。
2格（所有格）	「～の」	Das Auto **des Mannes** ist blau.	その男性のクルマは青い。
3格（間接目的語）	「～に」	Ich schenke **dem Mann** ein Buch.	私はその男性に本を贈ります。
4格（直接目的語）	「～を」	Ich besuche **den Mann**.	私はその男性を訪ねます。

・2格「～の」は後ろから前にかかります。

クルマは　　その男性の
das Auto **des Mannes**　　　その男性のクルマは

3. 格変化

名詞は文中での**格**に合わせて、前につける冠詞の形が変わります。
・男性名詞、中性名詞の２格では、名詞本体に「～ s」または「～ es」の語尾をつけます。
・複数３格では名詞本体に「～ n」の語尾をつけます。

◎定冠詞（英 the）の格変化

DL 22

	男性名詞		女性名詞		中性名詞		複数形	
1格「～は／～が」	**der**	Mann	**die**	Frau	**das**	Kind	**die**	Kinder
2格「～の」	**des**	Mann**es**	**der**	Frau	**des**	Kind**es**	**der**	Kinder
3格「～に」	**dem**	Mann	**der**	Frau	**dem**	Kind	**den**	Kinder**n**
4格「～を」	**den**	Mann	**die**	Frau	**das**	Kind	**die**	Kinder

◎不定冠詞（英 a, an）の格変化

DL 23

	男性名詞		女性名詞		中性名詞	
1格「～は／～が」	**ein**	Tisch	**eine**	Tasche	**ein**	Buch
2格「～の」	**eines**	Tisch**es**	**einer**	Tasche	**eines**	Buch**es**
3格「～に」	**einem**	Tisch	**einer**	Tasche	**einem**	Buch
4格「～を」	**einen**	Tisch	**eine**	Tasche	**ein**	Buch

4. 複数形

DL 24

＜ひと＞や＜もの＞が 2 つ以上あるときは、名詞を**複数形**にします。（数えられない名詞はのぞく）

・単数形に語尾をつけると複数形になります。（母音がウムラウトする場合もあります）

・複数形をつくる語尾は 5 種類あります。

	単数形			複数形
無語尾型	der Lehrer	先生	→	die Lehrer
	der Bruder	兄弟		die Br**ü**der
E 型（～ e）	der Schuh	くつ	→	die Schuh**e**
	der Sohn	息子		die S**ö**hn**e**
ER 型（～ er）	der Mann	男性	→	die M**ä**nn**er**
	das Buch	本		die B**ü**ch**er**
[E]N 型（～ [e]n）	die Frau	女性	→	die Frau**en**
	die Blume	花		die Blume**n**
S 型（～ s）	das Auto	クルマ	→	die Auto**s**

・ER 型では a, o, u はかならずウムラウトします。

・複数形には文法上の性の区別はありません。

・複数 3 格では名詞本体に「～ n」の語尾をつけます。（ただし [E]N 型と S 型はのぞく）

das Kind   →   die Kinder   →   den Kinder**n**

（単数 1 格）   （複数 1 格）   （複数 3 格）

ÜBUNGEN

1 次の名詞の文法上の性と意味を調べなさい。（定冠詞をつけて）　`DL 25`

例）das Buch（本）　..........Bleistift　　..........Uhr　　..........Heft

..........Löffel　　..........Gabel　　..........Messer

2 次の名詞を1格から4格まで格変化させなさい。（定冠詞をつけて）　`DL 26`

Bruder（男）　　Schwester（女）　　Haus（中）

3 性と格に注意して（　　　）に正しい定冠詞を入れなさい。　`DL 27`

① (　　　　　) Hund ist groß.　　　　　　その犬（男）は大きい。

② (　　　　　) Katze ist klein.　　　　　　その猫（女）は小さい。

③ (　　　　　) Buch ist interessant.　　　その本（中）はおもしろい。

④ Ich suche (　　　　　) Bahnhof.　　　私は駅（男）を探しています。

⑤ Er kauft (　　　　) Kind (　　　　) Buch.　　彼はその子（中）にその本（中）を買います。

⑥ Ich zeige (　　　　) Frau (　　　　) Weg.　　私はその女性（女）に道（男）を教えます。

4 次の名詞を1格から4格まで格変化させなさい。（不定冠詞をつけて）　`DL 28`

Rock（男）　　Jacke（女）　　Hemd（中）

5 性と格に注意して（　　　）に正しい不定冠詞を入れなさい。　`DL 29`

① Da ist (　　　) Hund.　　　　　　あそこに1匹の犬（男）がいる。

② Da ist (　　　) Katze.　　　　　　あそこに1匹の猫（女）がいる。

③ Da steht (　　　) Haus.　　　　　あそこに1軒の家（中）がある。

④ Hast du (　　　) Auto?　　　　　君は車（中）を持っていますか？

⑤ Sie kauft(　　　) Rock und (　　　) Bluse.　　彼女はスカート（男）とブラウス（女）を買います。

⑥ Ich schreibe (　　　) Mann (　　　) E-Mail.　　私はある男性（男）にメール（女）を書きます。

6 (　　　)の名詞を複数形に直し、点線部に入れなさい。　`DL 30`

① Da sind zwei _____. (Hund)　　あそこに2匹の犬がいる。

② Da sind drei _____. (Katze)　　あそこに3匹の猫がいる。

③ Ich habe zwei _____. (Bruder)　　私は兄弟が2人います。

④ Sie haben zwei _____ und drei _____. (Haus, Auto)

彼らは家を2軒と車を3台持っています。

FORTSCHRITT

ドイツ語に訳しなさい。 DL 31

① すみません（Entschuldigung）、駅（Bahnhof 男）はどこ（wo）ですか（sein）？

----

② 彼はその子（Kind 中）に辞書（Wörterbuch 中）をプレゼントします（schenken）。

----

③ 君は何を（was）買うの（kaufen）？
　—私はリンゴ（Apfel 男）を1個と（und）オレンジ（Orange 女）を1個買います。

----

④ 私たちは息子（Sohn 男）が1人と（und）娘（Tochter 女）が2人います（haben）。

ステップアップ

◎**場所と方向**

　英語の疑問詞 *where* は、場所（どこに／どこで）と方向（どこへ）の両方の意味で使用できます。それに対し、ドイツ語では場所と方向を区別して、疑問詞 wo と wohin を使い分けます。

　　　Wo wohnst du?　　君はどこに住んでいるの？（場所）
　　　Wohin gehst du?　君はどこへ行くの？（方向）

　さらに「どこから」を表す場合には woher を用います。

　　　Woher kommst du?　君はどこから来ているの？（＝君はどこの出身ですか？）

◎**合成語**

　名詞と名詞を組み合わせると合成語になります。合成語の性は、後ろの名詞の性に従います。

das Haus 家　　 + die Aufgabe 課題　 → **die** Hausaufgabe 宿題
die Reise 旅行 + das Büro オフィス → **das** Reisebüro 旅行代理店

なお接着剤として s, n などがあいだにはさまる場合もあります。

die Geburt 誕生 + der Tag 日　　　 → **der** Geburtstag 誕生日
die Straße 通り + die Bahn 鉄道　 → **die** Straßenbahn 路面電車

LEKTION 4 | 定冠詞類と不定冠詞類

1. 冠詞

冠詞には定冠詞のグループと不定冠詞のグループの2種類があります。しっかり区別しましょう。

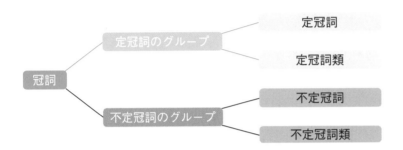

2. 定冠詞類

定冠詞とほぼ同じ語尾の変化をする冠詞を**定冠詞類**といいます。次の4つがとくに重要です。

dieser　この…（*this*）　　　　**welch**er　（疑問文で）どの…（*which*）

jeder　（単数で）どの…も（*every*）　　**all**er　（複数で）すべての…（*all*）

DL 33

	男性名詞		女性名詞		中性名詞		複数形	
1格	dies-**er**	Tisch	dies-**e**	Tasche	dies-**es**	Buch	dies-**e**	Schuhe
2格	dies-**es**	Tisches	dies-**er**	Tasche	dies-**es**	Buches	dies-**er**	Schuhe
3格	dies-**em**	Tisch	dies-**er**	Tasche	dies-**em**	Buch	dies-**en**	Schuhen
4格	dies-**en**	Tisch	dies-**e**	Tasche	dies-**es**	Buch	dies-**e**	Schuhe

Dieser Tisch kostet 100 Euro.　　このテーブルは 100 ユーロです。

Welche Tasche kaufst du?　　どのバッグを君は買うの？

Jedes Kind spielt gern Ball.　　どの子もボールで遊ぶのが好きです。

Ich kenne **alle** Studenten.　　私はすべての学生たちを知っています。

18

3. 不定冠詞類 （所有冠詞、否定冠詞 kein） DL 34

	男性名詞	女性名詞	中性名詞	複数形
1格	mein Vater	mein-**e** Mutter	mein Kind	mein-**e** Kinder
2格	mein-**es** Vaters	mein-**er** Mutter	mein-**es** Kindes	mein-**er** Kinder
3格	mein-**em** Vater	mein-**er** Mutter	mein-**em** Kind	mein-**en** Kindern
4格	mein-**en** Vater	mein-**e** Mutter	mein Kind	mein-**e** Kinder

・不定冠詞と同じ語尾の変化をします。ただし複数形だけは定冠詞類と同じ変化になります。

◎所有冠詞 DL 35

「私の…」「彼の…」「彼女の…」を**所有冠詞**といいます。名詞の前につけます。

	単数	複数
1人称	mein 私の (*my*)	unser 私たちの (*our*)
2人称 （親称）	dein 君の (*your*)	euer 君たちの (*your*)
3人称	sein 彼の (*his*) ihr 彼女の (*her*) sein それの (*its*)	ihr 彼らの 彼女たちの (*their*) それらの

2人称 （敬称）	Ihr あなたの (*your*)	Ihr あなたたちの (*your*)

1格 **Mein Vater** ist Lehrer.   私の父は教師です。
2格 Das Auto **meines Vaters** ist blau.   私の父のクルマは青い。
3格 Ich schenke **meinem Vater** ein Buch.   私は私の父に本を贈ります。
4格 Ich besuche oft **meinen Vater**.   私はよく私の父を訪ねます。

4. 否定冠詞 kein DL 36

不定冠詞がついた名詞、または無冠詞の名詞を否定するときは、**否定冠詞 kein** を名詞の前につけます。
・kein は不定冠詞類です。☞ 21p. ステップアップ

不定冠詞つきの名詞	Hast du einen Stift？	—	Nein, ich habe **keinen** Stift.
	書くもの 〔男〕 を持っていますか？		いいえ、持っていません。
無冠詞の名詞	Haben Sie Zeit?	—	Nein, ich habe **keine** Zeit.
	時間 〔女〕 はありますか？		いいえ、ありません。

ÜBUNGEN

1 性と格に注意して点線部に正しい語尾を入れなさい。　　　　　　　　　　　`DL 37`

① Dies_____ Kirche ist sehr alt.　　　　　この教会（女）はとても古い。

② Dies_____ Haus ist groß.　　　　　　　この家（中）は大きい。

③ Welch_____ Wein kaufst du?　　　　　どのワイン（男）を君は買うの？

④ Ich kaufe dies_____ Wein.　　　　　　私はこのワイン（男）を買います。

⑤ All_____ Freunde kommen heute.　　　すべての友だち（複）がきょう来ます。

⑥ Ich trinke jed_____ Tag Kaffee.　　　　私は毎日（男；4格で）コーヒーを飲みます。

2 日本語に合うように（　　　　）に所有冠詞を入れなさい。（名詞はすべて1格）　`DL 38`

① Das ist (　　　　　) Hund.　　　　　　これは私の犬（男）です。

② Das ist (　　　　　) Katze.　　　　　　これは私の猫（女）です。

③ Das ist (　　　　　) Haus.　　　　　　これは彼の家（中）です。

④ Das ist (　　　　　) Tasche.　　　　　これは彼女のバッグ（女）です。

⑤ Das ist (　　　　　) Schule.　　　　　これは私たちの学校（女）です。

⑥ Das sind (　　　　　) Schuhe.　　　　これは私の靴（複）です。

3 性と格に注意して点線部に正しい語尾を入れなさい。（語尾がいらない場合は×を入れること）　`DL 39`

① Mein_____ Bruder ist Lehrer.　　　　　私の兄弟（男）は教師です。

② Was studiert dein_____ Schwester?　　君の姉妹（女）は何を専攻していますか？

③ Wir feiern sein_____ Geburtstag.　　　私たちは彼の誕生日（男）を祝います。

④ Kennen Sie ihr_____ Telefonnummer?　あなたは彼女の電話番号（女）を知っていますか？

⑤ Wir besuchen unser_____ Großeltern.　私たちは私たちの祖父母（複）を訪ねます。

⑥ Ich schenke mein_____ Mutter Blumen.　私は私の母（女）に花をプレゼントします。

4 次の文を否定文に書きかえなさい。☞ 21p. ステップアップ　　　　　　　　`DL 40`

① Ich habe eine Katze.　　--

② Er hat Hunger.　　　　--

③ Das ist mein Wörterbuch.　--

④ Ich bin müde.　　　　　--

⑤ Ich kenne diese Frau. （全文否定で）　--

FORTSCHRITT

ドイツ語に訳しなさい。冠詞類は下のヒントの中から選び、正しい形で使いなさい。 DL 41

dieser	welcher	mein	dein	kein
この	どの…？	私の	君の	（ひとつも）…ない

① 私はこの本（Buch 中）をおもしろい（interessant）と思います。（〜⁴ を…と思う：finden）

- -

② 私の名前（Name 男）はマコトです。君の名前は何ですか？（疑問詞は wie を使う）

- -

③ 君はどのスマートフォン（Smartphone 中）を買うの（kaufen）？

- -

④ あなたはコンピューター（Computer 男）を持っていますか（haben）？
　 ─ いいえ、私はコンピューターを持っていません。

- -

ステップアップ

◎「〜の」に注意。2格と所有冠詞の使い分け

　　　　das Auto des Mannes　　その男性のクルマは　　☞　持ち主がふつうの名詞の場合は2格で

　　　　sein Auto　　　　　　　彼のクルマは　　　　　☞　持ち主を代名詞で示す場合は所有冠詞で

◎否定文と nicht の位置

　不定冠詞のついた名詞、あるいは無冠詞の名詞を否定する場合には kein を用いますが、それ以外の場合は nicht を使用します。ポイントは nicht の位置です。

①文全体（動詞）を否定する場合　→　nicht を文末に置く

　　　　Er kocht **nicht**.　　　　　　彼は料理をしない。

　ただし、動詞と強く結びつく語句がある場合には、その前に nicht を置きます。

　　　　Er ist **nicht** jung.　　　　　彼は若くない。

　　　　Sie spielt **nicht** Klavier.　　彼女はピアノを弾かない。

②部分否定の場合　→　否定したい語の前に nicht を置く

　　　　Er kocht **nicht** gut.　　　彼は料理が上手ではない。

人称代名詞

1. 人称代名詞の格変化 `DL 42`

人称代名詞も文中での役割（主語か目的語かなど）によって格変化します。

	単数					複数			2人称（敬称）
	1人称	2人称	3人称			1人称	2人称	3人称	
1格	ich	du	er	sie	es	wir	ihr	sie	Sie
3格	mir	dir	ihm	ihr	ihm	uns	euch	ihnen	Ihnen
4格	mich	dich	ihn	sie	es	uns	euch	sie	Sie

・2格は現在ほとんど使われないので省略しました。

参考 英語の人称代名詞

	単数					複数		
	1人称	2人称	3人称			1人称	2人称	3人称
主格	I	you	he	she	it	we	you	they
目的格	me	you	him	her	it	us	you	them

2. 3人称の人称代名詞 `DL 43`

3人称の人称代名詞は、名詞の文法上の＜性＞に合わせて使います。

・ドイツ語   参考 英語

男性名詞 → **er**   ひと（男）→ he

女性名詞 → **sie**   ひと（女）→ she

中性名詞 → **es**   もの → it

複数形 → **sie**（3人称複数）   複数形 → they

例）Dort steht **ein Turm**. **Er** (=der Turm) ist sehr hoch.

あそこに塔（男）が立っています。それはとても高いです。

Das ist **meine Katze**. **Sie** (=die Katze) heißt Max.

これは私の猫（女）です。猫の名前はマックスです。

Ich habe **ein Auto**. **Es** (=das Auto) ist sehr schnell.

私はクルマ（中）を持っています。それはとても速いです。

3. 3格と4格の語順

・3格、4格ともに名詞　　　　　　→　（原則として）3格＋4格

Ich kaufe **meiner Tochter den Rock**.　私は私の娘〔女〕にそのスカート〔男〕を買う。

・どちらか一方が人称代名詞　　　　→　　　人称代名詞が前

Ich kaufe **ihr** den Rock.

Ich kaufe **ihn** meiner Tochter.

・3格、4格が両方とも人称代名詞　→　　　4格＋3格

Ich kaufe **ihn ihr**.

4. 非人称の es

DL 45

es は次のような文の主語としても使われます。この es は何も指していないので、「それ」と訳さないでください。

◎天候や自然現象

Es regnet noch.　　　　　　雨がまだ降っています。

Es ist heute sehr heiß.　　きょうはすごく暑い。

◎時間

Wie spät ist **es** jetzt? / Wie viel Uhr ist **es** jetzt? ― **Es** ist 10 Uhr.

いま何時ですか?　　　　　　　　　　　　　　　　　　10 時です。

◎体調や身体状況

Es tut mir weh.　　　　　　　痛いです。

Mir ist kalt.（**Es** ist mir kalt.）　私は寒いです。（この es は文頭以外ではよく省略されます）

Wie geht **es** dir（Ihnen）? ― Danke, gut. Und dir（Ihnen）?

元気ですか?　　　　　　　　　ありがとう、元気です。君は（あなたは）どうですか?

◎熟語

・es gibt ＋ 4格 「〜⁴ がある・存在する」

In Berlin **gibt es** viele Theater.　ベルリンにはたくさん劇場があります。

Gibt es hier einen Supermarkt?　この辺にスーパーはありますか?

ÜBUNGEN

1 (　　　) に適切な人称代名詞を入れなさい。　　　　　　　　　　　　`DL 46`

① Ich liebe (　　　　　).　　　　　　　　私は君を愛しています。

② Er liebt (　　　　　).　　　　　　　　彼はあなたを愛しています。

③ Er liebt (　　　　　).　　　　　　　　彼は彼女を愛しています。

④ Kennst du (　　　　　)?　　　　　　　君は彼を知っていますか？

⑤ Makoto besucht (　　　　　) oft.　　　　マコトは私たちをよく訪れます。

⑥ Ich danke (　　　　　).　　　　　　　私はあなたに感謝しています。

⑦ Ich gebe (　　　　　) Schokolade.　　　私は彼女にチョコレートをあげます。

⑧ Zeigst du (　　　　　) dein Foto?　　　私に君の写真を見せてくれませんか？

2 下線部を人称代名詞に置きかえて、全文を書きかえなさい。　　　　　`DL 47`

① Ich liebe Julia.
私はユリアを愛している。　　　　　　--

② Sie liebt Philipp.
彼女はフィーリプを愛している。　　　　--

③ Ich danke Lisa sehr.
私はリーザにとても感謝しています。　　--

④ Thomas kauft seinem Kind ein Buch.
トーマスは彼の子ども（中）に本を買う。　--

⑤ Mein Hund heißt Koro.
私の犬（男）はコロといいます。　　　　--

⑥ Die Tasche kostet 100 Euro.
そのバッグ（女）は 100 ユーロです。　--

⑦ Dieses Buch ist interessant.
この本（中）はおもしろい。　　　　　　--

⑧ Ich finde diese Blumen sehr schön.
私はこれらの花（複）をとてもきれいだと思う。--

3 日本語に訳しなさい。

① Heute schneit es viel.　　　　　　--

② Wie spät ist es jetzt? — Es ist elf Uhr.　--

③ Mir ist heiß.　　　　　　　　　　--

④ Heute Abend gibt es ein Fußballspiel.　--

FORTSCHRITT

ドイツ語に訳しなさい。 DL 48

① 私たちは彼をよく（oft）訪れます（besuchen）。

----

② 君はシュミットさん（Frau Schmidt）を知っていますか（kennen）？
　― はい、私は彼女をよく（gut）知っています。

----

③ 今晩（heute Abend）私は君にメール（E-Mail 女）を1通書きます（schreiben）。

----

④ 私は好んで（gern）そのワイン（Wein 男）を飲みます（trinken）。それはよい（gut）味がします（schmecken）。

ステップアップ

◎ **指示代名詞 der、die、das**

　定冠詞と似た形のものに指示代名詞があります。目の前にあるものを指して、単独で「これ・それ」といった意味で使います。

　格変化は2格と複数3格をのぞいて、定冠詞と同じ形です。（☞ 68p.）

Wie findest du den Hut hier? ― **Den** (=den Hut) finde ich schön.
この帽子（男）をどう思う？ 　（これを）すてきだと思います。

　指示代名詞の das は、英語の *this, that* にあたり、性・数に関係なく使用できます。

Was ist das? ― **Das** ist eine Kirche.
これは何ですか？ 　これは教会（女）です。

25

不規則動詞・命令形

1. 不規則動詞　　　　　　　　　　　　　　　　　　　　`DL 49`

主語が２人称単数（du）と３人称単数（er/sie/es）のときに母音が変化する動詞があります。

	fahren （乗り物で）行く a → ä	sprechen 話す e → i	sehen 見る e → ie
ich	fahre	spreche	sehe
du	fährst	sprichst	siehst
er/sie/es	fährt	spricht	sieht
wir	fahren	sprechen	sehen
ihr	fahrt	sprecht	seht
sie	fahren	sprechen	sehen
Sie	fahren	sprechen	sehen

Wohin **fährst** du? — Ich **fahre** nach Berlin. 　　　君はどこへ行くの？ ― ベルリンへ行きます。

Makoto **spricht** gut Deutsch. 　　　　　　　　　　マコトは上手にドイツ語を話します。

Siehst du gern Filme? 　　　　　　　　　　　　　君は映画を見るのは好きですか？

◎おもな不規則動詞

fahren 型　　　　　**a → ä**

　　　　　　　fahren （乗り物で）行く　　　　gefallen 気に入る　　　　schlafen 眠る
　　　　　　　tragen 運ぶ、身につけている

sprechen 型　　　**e → i**

　　　　　　　essen 食べる（du *isst*）　　　geben 与える　　　　　helfen 助ける
　　　　　　　nehmen 取る（du *nimmst* / er *nimmt*）　　　　　　sprechen 話す

sehen 型　　　　　**e → ie**

　　　　　　　lesen 読む（du *liest*）　　　sehen 見る

◎その他の重要な不規則動詞　　　　　　　　　　　　　`DL 50`

	werden …になる	wissen 知っている
ich	werde	weiß
du	wirst	weißt
er/sie/es	wird	weiß
wir	werden	wissen
ihr	werdet	wisst
sie	werden	wissen
Sie	werden	wissen

Barbara **wird** bald 20 Jahre alt.
バルバラはもうすぐ 20 歳になる。

Woher kommt er?
彼はどこの出身ですか？
— Das **weiß** ich nicht.
（私は）知りません。

2. 命令形

	2 人称親称		2 人称敬称
	du に対して	ihr に対して	Sie に対して
不定形：〜 en	~(**e**) ... !	~**t** ... !	~**en** Sie ... !
kommen　来る	Komm(e)!	Kommt!	Kommen Sie!
warten　待つ	Warte!	Wartet!	Warten Sie!
sprechen　話す	**Sprich**!	Sprecht!	Sprechen Sie!
sein　…である	**Sei** ... !	**Seid** ... !	**Seien** Sie ... !

・命令形は 2 人称に対する形しかありません。
・命令形では動詞を先頭に置きます。（英語と同じ）
・2 人称親称では主語を省略します。（英語と同じ）

　　Makoto, **lerne** Deutsch!　　　　マコト、ドイツ語を勉強しなさい！

　　Kinder, **spielt** draußen!　　　　子供たち、外で遊びなさい！

　　Nehmen Sie bitte den Bus.　　バスを使ってください。

・sein は命令形でも特殊な変化をします。

　　Makoto, **sei** doch ruhig!　　　　　　マコト、静かにしなさい！

　　Seid pünktlich, Makoto und Lisa!　　時間を守りなさい、マコトとリーザ！

・du に対する命令形では、sprechen 型 (e → i)、sehen 型（e → ie）の動詞は、語幹の母音を変えます。また語尾の e も省略します。

　　Makoto, **sprich** laut!　　　　マコト、大きな声で話しなさい！

　　Iss nicht so schnell!　　　　そんなに急いで食べないで！

◎ **その他の注意**

・依頼・願望の場合は英語の *please*（〜してください）にあたる bitte を加えます。

　　Sprechen Sie **bitte** langsam!　　ゆっくり話してください！

・動詞を文頭に置き、主語を wir にした「〜 en wir ... !」（〜しましょう）という表現があります。

　　Trinken wir Kaffee!　　コーヒーを飲みましょう！

ÜBUNGEN

DL 52

1 主語を er にして書きかえなさい。

① Wir fahren nach Hamburg.　　　私たちはハンブルクに行きます。　-----------------------------

② Ich esse gern Wurst.　　　　　私はソーセージを食べるのが好きです。-----------------------------

③ Ich lese jeden Morgen Zeitung.　私は毎朝、新聞を読みます。　-----------------------------

④ Ich spreche Deutsch.　　　　　私はドイツ語を話します。　-----------------------------

⑤ Die Kinder schlafen schon.　　子供たちはもう眠っている。　-----------------------------

⑥ Ich nehme die U-Bahn.　　　　私は地下鉄に乗ります。　-----------------------------

DL 53

2 主語を du にして書きかえなさい。

① Wohin fahren Sie heute?　きょうどこへ行きますか？　-----------------------------

② Sprechen Sie Deutsch?　ドイツ語を話しますか？　-----------------------------

③ Essen Sie gern Fisch?　魚を食べるのは好きですか？　-----------------------------

④ Lesen Sie gern Bücher?　本を読むのは好きですか？　-----------------------------

⑤ Sehen Sie den Turm dort?　あそこの塔が見えますか？　-----------------------------

⑥ Was nehmen Sie?　何を頼みますか？（レストランで）-----------------------------

3 日本語に訳しなさい。

① Er fährt jeden Tag Auto.　---

② Was isst du zu Mittag?　---

③ Dieser Film gefällt mir sehr.　---

④ Meine Schwester wird Ärztin.　---

DL 54

4 次の動詞を命令形に直しなさい。（＊は変化に注意）

		du に対して	ihr に対して	Sie に対して
lernen	学ぶ	-----------------	-----------------	-----------------
bringen	持ってくる	-----------------	-----------------	-----------------
gehen	行く	-----------------	-----------------	-----------------
helfen＊	助ける	-----------------	-----------------	-----------------
geben＊	与える	-----------------	-----------------	-----------------

FORTSCHRITT

ドイツ語に訳しなさい。 DL 55

① 私はドイツ語（Deutsch）を話します。バルバラ（Barbara）はフランス語（Französisch）を話します。（話す：sprechen）

----

② 君たちはどこへ（wohin）行きますか？―私はベルリンへ（nach Berlin）行きます。バルバラ（Barbara）はパリへ（nach Paris）行きます。（行く：fahren）

----

③ こっちへ（hierher）来なさい！〈du に対して〉（来る：kommen）

----

④ しばらく（einen Moment）お待ちください。〈Sie に対して〉（待つ：warten）

ステップアップ

◎クセモノ動詞

ドイツ語の3格と4格は、多くの場合それぞれ日本語の「〜に」と「〜を」に対応していますが、必ずしも一致しない、やっかいな動詞がいくつかあります。例えば、helfen（助ける）です。

　　　Ich helfe **ihm.** 　私は彼を助ける。（＝私は彼に手助けする）

訳には「彼を」とありますが、helfen は3格といっしょに使います。逆に、「〜に質問する」を意味する fragen は、4格といっしょに使います。

　　　Ich frage **ihn.** 　私は彼に質問する。

こうした動詞を用いる際には、日本語の表現にまどわされないように注意してください。また、動詞 gefallen（気に入る）もドイツ語の格に注意が必要です。

　　　Das Lied gefällt **mir.** 　私はその歌が気に入っている。（＝その歌は私に気に入っている）

gefallen は〈物〉や〈事〉を1格の主語にして、その物が気に入る〈人〉を3格で表します。同じく〈物〉が主語で、3格の〈人〉をとる動詞として gehören（〜のものである）も覚えておきましょう。

　　　Das Heft gehört **mir.** 　そのノートは私のものだ。（＝そのノートは私に属している）

前置詞

1. 前置詞の格支配

ドイツ語の前置詞は、後ろに置く名詞を何格にするかが決まっています。（前置詞の格支配）
・前置詞は格支配のパターンによって4つのグループに分けられます。

前置詞 ── 2格支配の前置詞 　　☞ 33p. ステップアップ

　　　 ── 3格支配の前置詞

　　　 ── 4格支配の前置詞

　　　 ── 3・4格支配の前置詞

2. おもな3格支配の前置詞　　　　　　　　　　　　　　　　　DL 56

aus 〜³	〜³（の中）から	**aus** dem Haus 中	家（の中）から
bei 〜³	〜³のもとで	**bei** den Eltern 複	両親のもとで
mit 〜³	〜³と一緒に	**mit** dem Freund 男	友だちと一緒に
	〜³を使って（手段）	**mit** dem Auto 中	クルマで
nach 〜³	〜³の後で	**nach** dem Unterricht 男	授業の後で
	〜³へ	**nach** Berlin	ベルリンへ
seit 〜³	〜³以来	**seit** April	4月から
von 〜³	〜³から（起点）	**von** der Schule 女	学校から
	〜³の	ein Freund **von** mir	私の友人
zu 〜³	〜³（のところ）へ	**zu** dir	君のところへ

3. おもな4格支配の前置詞　　　　　　　　　　　　　　　　　DL 57

bis 〜⁴	〜⁴まで	**bis** morgen	明日まで
durch 〜⁴	〜⁴を通って	**durch** den Park 男	公園を通って
für 〜⁴	〜⁴のために／ 〜⁴にとって	**für** mich	私のために／私にとって
ohne 〜⁴	〜⁴なしに	**ohne** Zucker 男	砂糖を入れずに
um 〜⁴	〜⁴の周りに	**um** den Tisch 男	テーブルの周りに
	〜⁴時に（時刻）	**um** 13 Uhr 女	13時に

4. 3・4格支配の前置詞 DL 58

以下の９つの前置詞の場合、前置詞が**場所**を示しているときは後ろの名詞は３格、移動の**方向**を示しているときは４格になります。

an ～	～のきわ	**auf** ～	～の上	**hinter** ～	～のうしろ
in ～	～の中	**neben** ～	～の横	**über** ～	～の上の方
unter ～	～の下	**vor** ～	～の前	**zwischen** ～	～のあいだ

場所（移動なし）　　　　→　＋３格
方向（ある場所への移動）→　＋４格

Ich wohne **in der** Stadt.	私は町〔安〕に住んでいます。	（←住んでいる場所）
Ich fahre **in die** Stadt.	私は町〔安〕へ行きます。	（←行く方向）
Das Buch liegt **auf dem** Tisch.	その本はテーブル〔男〕の上に置いてある。	（←置いてある場所）
Ich lege das Buch **auf den** Tisch.	私はその本をテーブル〔男〕の上へ置く。	（←置く方向）

5. 前置詞と定冠詞の融合形 DL 59

前置詞と定冠詞がくっついて１語になった形です。日常会話やよく使うフレーズでは、基本的にこのくっついた形を使います。

・代表的な融合形

am Montag	月曜日に（an + dem）		**ans** Fenster	窓ぎわへ（an + das）
beim Essen	食事中に（bei + dem）		**im** Sommer	夏に（in + dem）
ins Kino	映画館へ（in + das）		**vom** Bahnhof	駅から（von + dem）
zum Bahnhof	駅へ（zu + dem）		**zur** Schule	学校へ（zu + der）

Wir gehen heute Abend **ins** Kino.　　私たちは今晩映画を見に行きます。

Wie komme ich **zum** Bahnhof?　　駅にはどう行けばよいですか？

ÜBUNGEN

1 名詞の格に注意して、（　　）に適切な定冠詞または人称代名詞を入れなさい。 DL 60

① aus (　　　　　　) Zimmer　　　　　部屋（中）の中から

② nach (　　　　　　) Arbeit　　　　　仕事（女）の後で

③ mit (　　　　　　) Fahrrad　　　　　自転車（中）を使って

④ durch (　　　　　　) Stadt　　　　　町（女）を通って

⑤ ein Geschenk von (　　　　　　)　　私からのプレゼント

⑥ mit (　　　　　)　　　　　　　　　彼と一緒に

⑦ zu (　　　　　)　　　　　　　　　私たちのところへ

⑧ für (　　　　　)　　　　　　　　　君のために

2 点線部に前置詞を、（　　）に定冠詞または人称代名詞を入れなさい。 DL 61

① Sie kommen _____ München.　　　彼らはミュンヘンから来ました。（＝ミュンヘン出身です）

② Er fährt _____ (　　　) Auto _____ Köln.　　　彼は車（中）でケルンへ行きます。

③ _____ (　　　) Essen machen wir Hausaufgaben.　食事（中）の後で私たちは宿題をします。

④ Sie lernt _____ (　　　) Prüfung.　　　彼女は試験（女）のために勉強します。

⑤ Wann kommst du _____ (　　　)?　　　いつ君は私のところへ来るの？

⑥ Ich wohne _____ zwei Jahren in Bonn.　　　私は2年前から（＝以来）ボンに住んでいます。

⑦ Ich bekomme _____ (　　　) eine E-Mail.　　　私は彼女からメールをもらいます。

⑧ Der Unterricht beginnt _____ 13 Uhr.　　　授業は13時に始まります。

3 3・4格支配の前置詞に注意して、（　　）に適切な定冠詞を入れなさい。 DL 62

① Wir essen in (　　　　　　) Mensa.　　　私たちは学食（女）で食べます。

② Wir gehen in (　　　　　　) Mensa.　　　私たちは学食（女）へ行きます。

③ Die Katze schläft auf (　　　　　　) Tisch.　　　猫は机（男）の上で寝ています。

④ Die Katze springt auf (　　　　　　) Tisch.　　　猫は机（男）の上へジャンプします。

⑤ Ich hänge das Bild an (　　　　　　) Wand.　　　私は絵を壁（女）にかけます。

⑥ Die Uhr hängt an (　　　　　　) Wand.　　　時計は壁（女）にかかっています。

⑦ Er legt das Messer neben (　　　　　　) Teller.　　　彼はナイフをお皿（男）の横に置きます。

⑧ Ich bin jetzt vor (　　　　　　) Bibliothek.　　　私はいま図書館（女）の前にいます。

FORTSCHRITT

1 ドイツ語に訳しなさい。（下線部には前置詞を補うこと） DL 63

① 私は私の友だち（mein Freund 男）と一緒にドイツ（Deutschland）へ旅行します（reisen）。

----

② ユカは紅茶（eine Tasse Tee）をテーブル（Tisch 男）の上に置きます（stellen）。

----

③ 授業（Unterricht 男）の後で私たちは図書館（Bibliothek 女）で勉強します（lernen）。

----

④ 私はあした（morgen）9時に大学（Uni 女）へ行きます（gehen）。（前置詞と定冠詞の融合形を使って）

----

2 日本語に訳しなさい。

① Wo ist Herr Tanaka? — Er ist wohl im Büro. --

② Am Abend gibt es ein Fußballspiel. --

③ Wann gehst du ins Bett? --

④ Wie komme ich zur Post? --

ステップアップ

◎ 2格支配の前置詞

　おもな2格支配の前置詞には以下の2つがあります。うしろにくる名詞は2格にします。2格
ですから、男性・中性名詞では名詞本体に「〜s」または「〜es」の語尾がつくことに注意しましょう。

während 〜²	〜²のあいだ（時間）	**während** des Unterrichts 授業のあいだ
wegen 〜²	〜²のせいで（理由）	**wegen** des Regens 雨のせいで

33

分離動詞・接続詞

1. 前つづり

DL 64

前つづり＋基礎動詞部分という形の動詞があります。

・前つづりには**分離前つづり**と**非分離前つづり**があります。

	kommen（来る）	stehen（立っている）
分離前つづり	**an**kommen（到着する）	**auf**stehen（起きる）
非分離前つづり	**be**kommen（もらう）	**ver**stehen（理解する）

・分離前つづりにはアクセントがあり、非分離前つづりにはアクセントがありません。

2. 分離動詞

DL 65

〈分離前つづり＋基礎動詞部分〉の形の動詞を**分離動詞**といいます。

前つづり　基礎動詞部分
auf｜stehen　　　stehen（立っている）→ auf｜stehen（起きる）

Ich **stehe** um 6 Uhr **auf**.　　　私は 6 時に起きます。
Wann **stehst** du **auf**?　　　君は何時に起きますか？

・分離動詞は不定形では 1 語ですが、定形になると前つづりと基礎動詞部分が分離します。前つづり
は文末にきます。（辞書などでは auf｜stehen のようにタテ線が入っています）
・おもな分離前つづり：**ab-, an-, auf-, aus-, ein-, mit-, nach-, vor-, zu-, zurück-**

3. 非分離動詞

DL 66

〈非分離前つづり＋基礎動詞部分〉の形の動詞を**非分離動詞**といいます。

kommen 来る → bekommen もらう　　fallen 落ちる → gefallen 気に入る

Sie **bekommt** zum Geburtstag eine Tasche.　　彼女は誕生日にバッグをもらう。
Der Anzug **gefällt** mir sehr.　　　　　　私はこのスーツがとても気に入っています。

・非分離前つづりは分離しません。非分離動詞はつねに 1 語のままです。
・おもな非分離前つづり：**be-, emp-, ent-, er-, ge-, ver-, zer-**

4. 従属接続詞

接続詞には**並列接続詞**と**従属接続詞**の２種類があります。

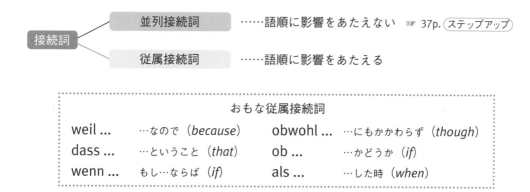

並列接続詞 ……語順に影響をあたえない ☞ 37p. (ステップアップ)

従属接続詞 ……語順に影響をあたえる

おもな従属接続詞	
weil ... …なので (*because*)	obwohl ... …にもかかわらず (*though*)
dass ... …ということ (*that*)	ob ... …かどうか (*if*)
wenn ... もし…ならば (*if*)	als ... …した時 (*when*)

・従属接続詞は**副文**を導きます。

・副文は「時」「理由」「条件」や、「内容」を表します。

Wir spielen Fußball, **wenn** das Wetter schön *ist*.

もし天気が良ければ、私たちはサッカーをします。

Wir bleiben heute zu Hause, **weil** das Wetter nicht schön *ist*.

天気が良くないので、私たちはきょうは家にいます。

. (主文＋副文)

◎副文の構造

① 従属接続詞を副文の先頭に置く。

② 副文の定動詞＊は副文の文末に置く。(＊ 定動詞→人称変化している動詞のこと)

③ 主文と副文の間はコンマで区切る。

・副文を主文の前に置く場合は、副文をまるごと文全体の１番目の要素としてカウントします。その場合、主文の動詞は副文の直後にきます。

Wenn das Wetter schön *ist*, spielen wir Fußball.

. (副文＋主文)

・分離動詞は副文の中では分離しません。

Wenn er **zurückkommt**, gehen wir ins Restaurant. (< zurück|kommen)

彼が帰ってきたら、私たちは外食に行きます。

・疑問詞はそのまま従属接続詞としても使えます。

Wissen Sie, **wo** er wohnt?　彼がどこに住んでいるか、あなたは知っていますか？

Ich weiß nicht, **warum** sie heute nicht kommt.

なぜ彼女はきょう来ないのか、私は知りません。

ÜBUNGEN

1 (　　　　) の分離動詞を適切な形にして点線部に入れなさい。　DL 68

① Wir _____ um zehn Uhr _____ . (ab|fahren)　　私たちは 10 時に出発します。

② Er _____ das Fenster _____ . (zu|machen)　　彼は窓を閉める。

③ Wann _____ der Zug in Frankfurt _____ ? (an|kommen)

　　いつ列車はフランクフルトに到着しますか？

④ _____ Sie mir bitte mein Buch _____ ! (zurück|geben)　　私に本を返してください！

2 日本語に訳しなさい。

① Maria steht immer um sechs Uhr auf. ---

② Wir steigen in Frankfurt um. ---

③ Ich steige in Frankfurt ein. ---

④ Kommst du auch mit? ---

3 (　　　) の従属接続詞を使って、2 つの文を結びつけなさい。　DL 69

① Thomas lernt Japanisch.　　　　　トーマスは日本語を習っている。

　(weil) Seine Freundin ist Japanerin.　　彼のガールフレンドは日本人だ。

　--

② Sie spielen Fußball.　　　　　　彼らはサッカーをする。

　(obwohl) Es regnet stark.　　　　雨がはげしく降っている。

　--

③ Gehen wir zusammen ins Kino!　　いっしょに映画を見に行きましょう。

　(wenn) Du hast Zeit.　　　　　　君は時間がある。

　--

④ Weißt du ...?　　　　　　　　　君は知っていますか？

　(dass) Sein Bruder ist Schauspieler.　　彼の兄弟は俳優です。

　--

⑤ Ich weiß nicht.　　　　　　　　私は知らない。

　(ob) Er ist verheiratet.　　　　　彼は結婚している。

　--

FORTSCHRITT

ドイツ語に訳しなさい。（* は変化に注意）　DL 70

① 私の父（Vater 男）は 20 時に帰ってきます（zurück|kommen）。

----

② ウィーン行きの（nach Wien）列車（Zug 男）は何時に（wann）出発しますか（ab|fahren*）？

----

③ 私は熱がある（Fieber haben）ので（weil）、きょうは（heute）家にいます。

（家にいる：zu Hause bleiben）

----

④ 彼女がいつ（wann）来る（kommen）か、私は知りません。

（知っている：wissen*）

ステップアップ

◎ワク構造

分離動詞の構文を図であらわすと、次のようになります。

	基礎動詞部分		前つづり

このように、「動詞」および「動詞に準じる要素」が文を前後からワクのように取り囲む構造を**ワク構造**といいます。ドイツ語によく見られる構文なので、はやく慣れましょう。

ちなみに、このあとに出てくる「話法の助動詞」「現在完了形」「受動文」などもワク構造をとります。

	V_1		V_2

V1：定動詞　　　　　　　　　　　　　　　　　　V2：その他の動詞／動詞要素

◎並列接続詞

und（そして）、**aber**（しかし）、**oder**（または）、**denn**（というのは…だから）などを**並列接続詞**といいます。このタイプの接続詞は語順に影響をあたえません。

Er studiert Jura **und** sie studiert Literatur.

彼は法律学を専攻している。そして彼女は文学を専攻している。

Sie kommt heute nicht, **denn** sie ist erkältet.

彼女はきょう来ません。というのはカゼだからです。

話法の助動詞

1. 話法の助動詞　`DL 71`

	dürfen …してよい	können …できる	mögen …かも しれない	müssen …しなけれ ばならない	sollen …すべきだ	wollen …するつも りだ	möchte …したい
ich	**darf**	**kann**	**mag**	**muss**	**soll**	**will**	**möchte**
du	**darfst**	**kannst**	**magst**	**musst**	**sollst**	**willst**	**möchtest**
er/sie/es	**darf**	**kann**	**mag**	**muss**	**soll**	**will**	**möchte**
wir	dürfen	können	mögen	müssen	sollen	wollen	möchten
ihr	dürft	könnt	mögt	müsst	sollt	wollt	möchtet
sie	dürfen	können	mögen	müssen	sollen	wollen	möchten
Sie	dürfen	können	mögen	müssen	sollen	wollen	möchten

2. 話法の助動詞の構文　`DL 72`

助動詞を主語に合わせて定形に変え、本動詞は不定形のまま文末に置きます。（ワク構造）

話法の助動詞（定形）＋動詞の不定形（文末）

	助動詞		本動詞

- können   Er **kann** sehr gut Tennis *spielen*.　　彼はとても上手にテニスをすることができる。

- müssen   Ich **muss** nach Frankfurt *fahren*.　　私はフランクフルトへ行かなくてはならない。

　　　　　　Er **muss** verheiratet *sein*.　　彼は結婚しているに違いない。

　（否定文で）Du **musst** heute nicht *arbeiten*.　　君はきょう働く必要はない。

- dürfen   **Darf** man hier *rauchen*?　　ここでタバコを吸ってもよいですか？

　（否定文で）Man **darf** hier nicht *rauchen*.　　ここでタバコを吸ってはいけません。（禁止）

- mögen   Er **mag** etwa 60 Jahre alt *sein*.　　彼は60歳くらいだろう。

- sollen   Du **sollst** nicht so viel *essen*.   そんなにたくさん食べてはいけないよ。

   （Soll ich ...? の形で）   **Soll** ich das Fenster *aufmachen*?   窓を開けましょうか？

                                                    （相手の意向を尋ねる）

- wollen   Sie **will** Lehrerin *werden*.   彼女は教師になるつもりです。

   （Wollen wir ...? の形で）   **Wollen** wir eine Pause *machen*?   休憩にしませんか？（提案）

- möchte   Was **möchten** Sie *trinken*?   あなたは何を飲みたいですか？

3. 助動詞の単独用法   DL 73

本動詞がなくても相手に通じる場合は、本動詞を省略することがあります。

Ich **kann** ein bisschen Deutsch.   私はすこしドイツ語ができます。

Ich **muss** nach Frankfurt.   私はフランクフルトへ行かなくてはならない。

- mögen と möchte はそのままふつうの動詞としても使えます。

  ・mögen（〜⁴ を好む）   Ich **mag** Eis.   私はアイスが好きです。

  ・möchte（〜⁴ を欲しい）   Ich **möchte** Kaffee.   私はコーヒーが欲しい。

4. 未来・推量の助動詞 werden   DL 74

「…になる」という意味の動詞 werden は、未来や推量をあらわす助動詞としても使えます。

> werden（定形）＋動詞の不定形（文末）

	werden		本動詞

- werden は不規則動詞です。☞ 26p.

   Er **wird** wohl im Büro *sein*.   彼はたぶんオフィスにいるでしょう。

- 主語が 1 人称のときは意志をあらわします。

   Ich **werde** dich in den Sommerferien *besuchen*.   私は夏休みに君のところに行くよ。

ÜBUNGEN

1 下線部に気をつけて、（　　）に適切な助動詞を入れなさい。　　　　　`DL 75`

① Sie (　　　　　　　　　) sehr gut tanzen.　　　　　彼女はとても上手に踊ることが<u>できる</u>。

② Ich (　　　　　　　　　) nicht kochen.　　　　　私は料理をすることが<u>できない</u>。

③ Ich (　　　　　　　　　) langsam nach Hause gehen.　　　私はそろそろ家へ<u>帰らなくてはならない</u>。

④ Du (　　　　　　　　　) morgen nicht kommen.　　　君はあした来る<u>必要はない</u>。

⑤ Hier (　　　　　　　　) man nicht parken.　　　ここに駐車して<u>はいけません</u>。

⑥ (　　　　　　　　) ich das Fenster schließen?　　　窓を閉めても<u>いいですか</u>？

⑦ (　　　　　　　　) ich das Fenster schließen?　　　窓を<u>閉めましょうか</u>？

⑧ Er (　　　　　　　　　) Journalist werden.　　　彼はジャーナリストになる<u>つもりだ</u>。

2 （　　）の助動詞を使って次の文を書きかえなさい。（* は変化に注意）　　`DL 76`

① Er spielt gut Klavier.　(können)　　　　彼は上手にピアノを弾く。

----

② Sie studiert in Deutschland.　(wollen)　　　彼女はドイツの大学に通っている。

----

③ Du isst* viel Gemüse.　(müssen)　　　君はたくさん野菜を食べる。

----

④ Wir stehen um 5 Uhr auf.　(müssen)　　　私たちは 5 時に起きる。

----

⑤ Kommst du am Wochenende?　(können)　　君は週末に来ますか？

----

⑥ Was trinkst du?　(möchte)　　　君は何を飲むの？

FORTSCHRITT

ドイツ語に訳しなさい。 DL 77

① 私は今晩（heute Abend）宿題をしなければならない。（宿題をする：Hausaufgaben machen）

----

② 私はどこで（wo）入場券（Eintrittskarte 女）を買うことができますか？（買う：kaufen）

----

③ ここで（hier）写真をとってもいいですか？（写真をとる：fotografieren ／主語は man を使う）

----

④ 彼女はドイツ語（Deutsch）とフランス語（Französisch）ができる。

ステップアップ

◎ man

　ドイツ語には man（ひとは）を主語にした文がよく出てきます。man は特定の人物ではなく、世間一般の〈ひと〉を表しています。「ひとは～する」といった形で、一般に誰にでもあてはまるようなことを表現します。

　日本語では man を無理に訳す必要はありません。主語のない文にして訳せば、たいていうまくいきます。

> **Man** darf hier nicht parken.
> ここは駐車禁止です。（＝ひとはここに駐車してはいけない）
> Hier spricht **man** Deutsch.
> ここではドイツ語が話されています。（＝ここではひとはドイツ語を話す）

　man とつづりがよく似た単語に名詞の der Mann（男性、夫）があります。英語の *man*（男性）との違いに注意しましょう。

動詞の３基本形・過去形

1. 動詞の３基本形　DL 78

　不定形・過去基本形・過去分詞を動詞の３基本形といいます。変化の仕方によって、規則動詞と不規則動詞に分けられます。

◎規則動詞

規則動詞の過去基本形は、語幹に **te** をつけた形です。過去分詞は語幹を **ge** と **t** ではさみます。

不定形	過去基本形	過去分詞
～ en	**～ te**	**ge ～ t**
lern-en	lern-te	ge-lern-t
spiel-en	spiel-te	ge-spiel-t

◎不規則動詞

不規則動詞の３基本形は、辞書や巻末の変化表などを見てください。

不定形	過去基本形	過去分詞
kommen	**kam**	**gekommen**
trinken	**trank**	**getrunken**
bringen	**brachte**	**gebracht**
sein	**war**	**gewesen**
haben	**hatte**	**gehabt**
werden	**wurde**	**geworden**

2. 分離動詞の３基本形　DL 79

　基礎動詞部分の３基本形に前つづりをつけます。（過去基本形は前つづりを分離した形で書きます）
・分離動詞は過去分詞ではまた１語にもどります。

an｜kommen（到着する）	**kam ... an**	**angekommen**
（☞ kommen	kam	gekommen）

3. 過去分詞で ge- がつかない動詞　DL 80

・非分離動詞	besuchen（訪れる）	**besuchte**	**besucht**
・～ ieren で終わる動詞	telefonieren（電話する）	**telefonierte**	**telefoniert**

4. 過去形

DL 81

過去基本形をベースに、主語に合わせて過去形の語尾をつけます。（過去人称変化）

◎過去形の語尾

	〜：過去基本形
ich	〜
du	〜**st**
er/sie/es	〜
wir	〜(**e**)**n**
ihr	〜**t**
sie	〜(**e**)**n**
Sie	〜(**e**)**n**

	lernen 学ぶ	sein …である	haben 持っている	müssen …しなければならない
過去基本形	lernte	war	hatte	musste
ich	lernte	war	hatte	musste
du	lernte-**st**	war-**st**	hatte-**st**	musste-**st**
er/sie/es	lernte	war	hatte	musste
wir	lernte-**n**	war-**en**	hatte-**n**	musste-**n**
ihr	lernte-**t**	war-**t**	hatte-**t**	musste-**t**
sie	lernte-**n**	war-**en**	hatte-**n**	musste-**n**
Sie	lernte-**n**	war-**en**	hatte-**n**	musste-**n**

Ich **lernte** Klavier. (< lernen)

私はピアノを習っていました。

Wo **warst** du gestern? — Ich **war** zu Hause. (< sein)

君はきのうどこにいたの？　　　　家にいたよ。

Ich **hatte** gestern Fieber. (< haben)

私はきのう熱がありました。

Sie **mussten** am Wochenende nach Osaka fahren. (< müssen)

彼らは週末に大阪へ行かなくてはならなかった。

ÜBUNGEN

DL 82

1 次の動詞の3基本形を書きなさい。（* は不規則動詞）

machen	する	-------------------	-------------------	-------------------
warten	待つ	-------------------	-------------------	-------------------
essen*	食べる	-------------------	-------------------	-------------------
gehen*	行く	-------------------	-------------------	-------------------

DL 83

2 次の動詞の3基本形を書きなさい。やや複雑な変化なので注意すること。（* は不規則動詞）

ein	kaufen	買い物する	-------------------	-------------------	-------------------
auf	stehen*	起きる	-------------------	-------------------	-------------------
verstehen*	理解する	-------------------	-------------------	-------------------
studieren	（大学で）学ぶ	-------------------	-------------------	-------------------

DL 84

3 次の文を過去形に直しなさい。

① Ich bin Lehrer.　　　　私は教師です。　　　--------------------------------------

② Das Buch ist interessant.　その本はおもしろい。　--------------------------------------

③ Ich habe eine Katze.　　私は猫を飼っています。　--------------------------------------

④ Hast du Fieber?　　　　熱があるの？　　　　--------------------------------------

⑤ Sie wird Lehrerin.　　　彼女は教師になる。　　--------------------------------------

⑥ Sie wohnt in Fukuoka.　彼女は福岡に住んでいる。--------------------------------------

⑦ Er kommt in Berlin an.　彼はベルリンに到着する。--------------------------------------

⑧ Ich kann nicht schwimmen.　私は泳ぐことができない。--------------------------------------

FORTSCHRITT

過去形を使ってドイツ語に訳しなさい。 DL 85

① きのう（gestern）私はとても（sehr）忙し（beschäftigt）かった（sein）。

- -

② 君はドイツに（in Deutschland）行ったことがありますか？
　［＝ これまでに（schon einmal）ドイツにいたことがありますか（sein）］

- -

③ 私たちは1匹の犬（Hund 男）と2匹の猫（Katze 女）を飼っていました。（飼う：haben）

- -

④ マコトはきのう（gestern）歯医者へ（zum Zahnarzt）行かなくてはならなかった（müssen）。（行く：gehen）

- -

ステップアップ

◎**つづりが同じ単語**

　ドイツ語にはつづりが共通する単語があります。つづりは同じでも別々の単語なので、注意しましょう。

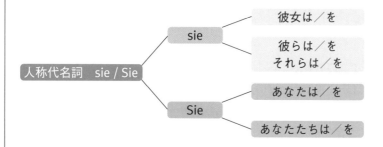

```
人称代名詞  sie / Sie ┬─ sie ┬─ 彼女は／を
          │        └─ 彼らは／を
          │           それらは／を
          └─ Sie ┬─ あなたは／を
                 └─ あなたたちは／を
```

```
das ┬─ 定冠詞（中性1・4格）  …Das Buch ist interessant.   その本はおもしろい。
    └─ 指示代名詞（これは／を）  …Das ist mein Buch.        これは私の本です。
```

　ほかにも、人称代名詞の ihr と所有冠詞の ihr や、morgen（明日に）と der Morgen（朝）などに注意が必要です。

現在完了形・受動文

1. 現在完了形 `DL 86`

　過去の出来事を表現する場合、ドイツ語ではおもに書き言葉では過去形を、話し言葉では現在完了形を使います。完了形は完了の助動詞（haben または sein）と過去分詞でつくります。（ワク構造）

> 完了の助動詞（haben または sein の定形）＋ 過去分詞（文末）

Wir **haben** heute Tennis *gespielt*. (< spielen)　　私たちはきょうテニスをしました。

Er **ist** gestern nach München *gefahren*. (< fahren)　　彼はきのうミュンヘンへ行きました。

	haben/sein		過去分詞

2. haben か sein か？ `DL 87`

　〈haben ＋過去分詞〉か〈sein ＋過去分詞〉かは、動詞の種類によって決まっています。

他動詞 ── haben 支配

自動詞 ┬ haben 支配
　　　 └ sein 支配
　　　　・場所の移動
　　　　・状態の変化
　　　　・sein と bleiben

◎ **sein で完了形をつくる動詞**

　自動詞のうちで、次のようなタイプの動詞です。

① 場所の移動：gehen（行く）、fahren（乗り物で行く）、kommen（来る）　など

② 状態の変化：werden（…になる）、sterben（死ぬ）、auf|stehen（起きる）　など

③ sein（…である）と bleiben（とどまる）

Sie **ist** zu uns *gekommen*. (< kommen)　　　　　　彼女は私たちのところに来ました。

Er **ist** gestern 20 *geworden*. (< werden)　　　　　彼はきのう 20 歳になりました。

Wir **sind** den ganzen Tag zu Hause *geblieben*. (< bleiben) 私たちは 1 日中家にいました。

3. 受動文

「〜する」という言い方に対して、「〜される」と言う場合には、受動態を使います。受動文は、受動の助動詞 werden と過去分詞でつくります。（ワク構造）

> 受動の助動詞 werden（定形）＋ 過去分詞（文末）

Hier **wird** ein Haus *gebaut*.（< bauen）　　ここに家が建てられます。

	werden		過去分詞

・werden は不規則動詞です。☞ 26p.
・「〜によって」は〈前置詞の von ＋ 3格〉で表します。

Die Kinder werden **von der Mutter** geweckt.（< wecken）　　子どもたちは母（女）に起こされる。
[参考] Die Mutter weckt die Kinder.　　　　　　　　　母は子どもたちを起こす。

◎受動の過去「〜された」

> wurde（werden の過去）＋ 過去分詞（文末）

Die Kirche **wurde** im Jahr 1500 *gebaut*.（< bauen）　その教会は 1500 年に建てられました。

◎状態受動「〜されている／〜された状態である」
受動の結果がそのまま続いている状態を表します。

> sein ＋ 過去分詞（文末）

Das Fenster **ist** *geöffnet*.（< öffnen）　　窓が開いています。（＝開けられた状態です）
[参考] Das Fenster **wurde** *geöffnet*.　　窓が開けられた。

ÜBUNGEN

1 （　　　　）に完了の助動詞（haben または sein）を入れなさい。 `DL 89`

① Ich （　　　　　　　） Fußball gespielt.　　　　　　　　私はサッカーをしました。

② Wir （　　　　　　　） in die Oper gegangen.　　　　　　私たちはオペラを見に行きました。

③ Ich （　　　　　　　） gestern ein Hemd gekauft.　　　　私はきのうワイシャツを買いました

④ Er （　　　　　　　） am Sonntag seine Großmutter besucht.　彼は日曜に祖母を訪ねました。

⑤ Mein Bruder （　　　　　　） Architekt geworden.　　　　私の兄弟は建築家になりました。

⑥ Um wie viel Uhr （　　　　　） du aufgestanden?　　　　君は何時に起きましたか？

2 次の文を現在完了形に直しなさい。 `DL 90`

① Ich mache heute Hausaufgaben.　------------------------------------

② Wir arbeiten heute viel.　------------------------------------

③ Ich studiere Geschichte.　------------------------------------

④ Sie kommt um 20 Uhr an.　------------------------------------

⑤ Trinkst du heute Abend Bier?　------------------------------------

⑥ Wohin fahren Sie?　------------------------------------

3 次の文を受動文に直しなさい。 `DL 91`

① Paul liebt Tina.
パウルはティーナを愛している。　------------------------------------

② Die Mutter küsst das Kind.
母はその子にキスする。　------------------------------------

③ Sie lobt ihn.
彼女は彼をほめる。　------------------------------------

④ Michael Ende schrieb „Momo".
ミヒャエル・エンデは『モモ』を書いた。　------------------------------------

4 ワク構造に注意して、（　　　）に適切な語を入れなさい。（＊ は不規則動詞） `DL 92`

① Ich （　　　　　　　） mit dem Fahrrad （　　　　　　　　　　　）.
私は自転車で来ました。（kommen＊）

② Frau Tanaka （　　　　　　　） zur Bürgermeisterin （　　　　　　　　　　　　）.
タナカさんは市長に選ばれた。（wählen）

③ Sie （　　　　　　　） sehr gut Deutsch （　　　　　　　　　　）.
彼女はとても上手にドイツ語を話すことができる。（sprechen＊）

④ Er （　　　　　　　） zum Geburtstag ein Fahrrad （　　　　　　　　　　　）.
彼は誕生日に自転車をもらった。（bekommen＊）

FORTSCHRITT

ドイツ語に訳しなさい。（* は不規則動詞）　　　　　　　　　　　　　DL 93

① 私たちはきのう（gestern）演劇を見に行きました。（演劇を見に行く：ins Theater gehen*）

----

② 君はもう（schon）昼食を食べたの？（昼食を食べる：zu Mittag essen*）

----

③ 君はきょう（heute）何を（was）したの（machen）？
　― 私はきょうドイツ語（Deutsch）を勉強しました（lernen）。

----

④ 私は彼らから食事に（zum Essen）招待されました（ein｜laden*）。

ステップアップ

◎**時間の表現**

Wie spät ist es jetzt? / Wie viel Uhr ist es jetzt?　　いま何時ですか？

Es ist 8 Uhr.　　8時です。

Um wie viel Uhr beginnt der Unterricht?　　―　Der Unterricht beginnt um 9 Uhr.
何時に授業は始まりますか？　　　　　　　　　　　　　　授業は9時に始まります。

	公式（24 時間制）	日常表現（12 時間制）
19.00	Es ist neunzehn Uhr.	Es ist sieben (Uhr).
19.05	Es ist neunzehn Uhr fünf.	Es ist fünf nach sieben. （7時5分過ぎ）
19.15	Es ist neunzehn Uhr fünfzehn.	Es ist Viertel nach sieben. （7時15分過ぎ）
19.30	Es ist neunzehn Uhr dreißig.	Es ist halb acht. （7時半）
19.45	Es ist neunzehn Uhr fünfundvierzig.	Es ist Viertel vor acht. （8時15分前）
19.55	Es ist neunzehn Uhr fünfundfünfzig.	Es ist fünf vor acht. （8時5分前）

LEKTION 12　形容詞・比較表現

1. 形容詞の３つの用法　　DL 101

a）Makoto ist **fleißig**.　　　　マコトはまじめだ。　　……単独用法
b）Makoto ist ein **fleißiges** Kind.　マコトはまじめな子だ。　……付加語的用法（＊形容詞に語尾が必要）
c）Makoto lernt **fleißig**.　　　　マコトはまじめに勉強する。……副詞的用法

2. 形容詞の格変化

上記 b）の**付加語的用法**では形容詞に語尾をつけます。

・形容詞の語尾は〈形容詞＋名詞〉の前にどんな冠詞が来るかによって３つのパターンに分けられます。

（　　　　）＋ 形 ＋ 名

↑
└─ここに何があるか？

① **定冠詞（類）**＋形容詞＋名詞　　DL 102

	男性名詞		女性名詞		中性名詞		複数形	
1格	der rot-**e**	Rock	die rot-**e**	Bluse	das rot-**e**	Hemd	die rot-**en**	Schuhe
2格	des rot-**en**	Rockes	der rot-**en**	Bluse	des rot-**en**	Hemdes	der rot-**en**	Schuhe
3格	dem rot-**en**	Rock	der rot-**en**	Bluse	dem rot-**en**	Hemd	den rot-**en**	Schuhen
4格	den rot-**en**	Rock	die rot-**e**	Bluse	das rot-**e**	Hemd	die rot-**en**	Schuhe

・定冠詞類＝ dieser, welcher, jeder, aller など　☞ 18p.

② **不定冠詞（類）**＋形容詞＋名詞　　DL 103

	男性名詞		女性名詞		中性名詞		複数形	
1格	ein rot-**er**	Rock	eine rot-**e**	Bluse	ein rot-**es**	Hemd	meine rot-**en**	Schuhe
2格	eines rot-**en**	Rockes	einer rot-**en**	Bluse	eines rot-**en**	Hemdes	meiner rot-**en**	Schuhe
3格	einem rot-**en**	Rock	einer rot-**en**	Bluse	einem rot-**en**	Hemd	meinen rot-**en**	Schuhen
4格	einen rot-**en**	Rock	eine rot-**e**	Bluse	ein rot-**es**	Hemd	meine rot-**en**	Schuhe

・不定冠詞類＝所有冠詞、否定冠詞 kein　☞ 19p.

③ **無冠詞**＋形容詞＋名詞　　DL 104

	男性名詞	女性名詞	中性名詞	複数形
1格	heiß-**er** Kaffee	frisch-**e** Milch	kalt-**es** Wasser	groß-**e** Hotels
2格	heiß-**en** Kaffees	frisch-**er** Milch	kalt-**en** Wassers	groß-**er** Hotels
3格	heiß-**em** Kaffee	frisch-**er** Milch	kalt-**em** Wasser	groß-**en** Hotels
4格	heiß-**en** Kaffee	frisch-**e** Milch	kalt-**es** Wasser	groß-**e** Hotels

・冠詞が前にないので、その代わりに形容詞に定冠詞類と同じ語尾をつける（男性・中性の2格はのぞく）　☞ 18p.

3. 形容詞と副詞の比較表現

◎比較級

～ er　klein 小さい → klein**er**

jung 若い → jüng**er**　　＊母音がウムラウトする語もある

・比較の対象は als（～よりも）を使って表します。

Er ist jünger als ich.　彼は私よりも若い。(*He is younger than I.*)

◎最上級

～ st　klein 小さい → klein**st**

jung 若い → jüng**st**　　＊母音がウムラウトする語もある

alt 古い → ält**est**

groß 大きい → größ**t**

◎不規則変化する形容詞・副詞

	原級	比較級	最上級
よい	gut	**besser**	**best**
多い	viel	**mehr**	**meist**
近い	nah	**näher**	**nächst**
高い	hoch	**höher**	**höchst**
好んで	gern	**lieber**	**liebst**

◎比較級・最上級の付加語的用法

形容詞の比較級・最上級は、付加語的用法では〈形容詞の語尾〉をつけます。

lang 長い － länger もっと長い － längst いちばん長い

（原級）　　ein lang-**er** Fluss　　長い川（男）

（比較級）　ein länger-**er** Fluss　　もっと長い川

（最上級）　der längst-**e** Fluss　　いちばん長い川

◎最上級の単独用法と副詞的用法

最上級は単独用法と副詞的用法では＜**am** ～ st**en**＞という形で使います。

Der Nil ist **am** längst**en** in der Welt.　　ナイル川は世界でいちばん長い。

Er spielt **am** best**en** Fußball von uns.　　彼は私たちの中でサッカーがいちばんうまい。

ÜBUNGEN

1 (　　　) の指示にしたがい、次の形容詞の格変化を1格から4格まで練習しなさい。　DL 106

① 青い（blau）空（Himmel 男）（定冠詞をつけて）　② 白い（weiß）バラ（Rose 女）（不定冠詞をつけて）

③ 黒い（schwarz）髪（Haar 中）（冠詞なしで）　④ 緑の（grün）木々（Bäume 複）（冠詞なしで）

2 点線部に適切な形容詞の語尾を入れなさい。　DL 107

① Berlin ist eine groß_____ Stadt.

　ベルリンは大都市（女）だ。

② Der neu_____ Film war sehr interessant.

　その新しい映画（男）はとてもおもしろかった。

③ Sein neu_____ Fahrrad fährt sehr schnell.

　彼の新しい自転車（中）はとても速く走る。

④ Ich möchte dieses weiß_____ Hemd und diese blau_____ Hose.

　私はこの白いシャツ（中）と青いズボン（女）がほしい。

⑤ Wie findest du mein neu_____ T-Shirt?

　君は私の新しいTシャツ（中）をどう思う？

⑥ Sie wohnen in einer klein_____ Stadt.

　彼らは小さな町（女）に住んでいます。

⑦ Er trinkt gern französisch_____ Wein und deutsch_____ Bier.

　彼はフランスのワイン（男）とドイツのビール（中）を飲むのが好きだ。

⑧ Barbara hat lang_____ Haare und groß_____ Augen.

　バルバラは長い髪（複）と大きな目（複）をしている。

3 (　　　) の語を比較級または最上級に直して点線部に入れなさい。（* は不規則変化）　DL 108

① Deutschland ist _____ als Japan. (klein)

　ドイツは日本より小さい。

② Ich bin _____ als er. (alt)

　私は彼より年上です。

③ Thomas spielt _____ Fußball als Philipp. (gut*)

　トーマスはフィーリプよりサッカーがうまい。

④ Thomas spielt _____ Fußball in der Schule. (gut*)

　トーマスは学校でいちばんサッカーがうまい。

⑤ Ich trinke _____ Kaffee als Tee. Aber _____ trinke ich Bier. (gern*)

　私は紅茶よりコーヒーを飲むのが好きです。でも、いちばん好きなのはビールです。

FORTSCHRITT

■1 ドイツ語に訳しなさい。（＊ は変化に注意）　　　　　　　　　　　　　　DL 109

① タナカさん（男性）はよい（gut）先生（ein Lehrer 男）です（sein）。

----

② 彼女は黒の（schwarz）ジャケット（eine Jacke 女）と赤の（rot）スカート（ein Rock 男）を着ています（tragen*）。

----

③ 彼は私より速く（schnell）泳ぐ（schwimmen）。

----

④ 君は何を（was）飲む（trinken）のがいちばん好き（gern*）ですか？

■2 日本語に訳しなさい。

① Gibt es hier ein italienisches Restaurant?

----

② Ich will nächstes Jahr in Deutschland studieren.

----

③ Ich habe eine ältere Schwester und einen jüngeren Bruder.

----

④ Der Fuji ist der höchste Berg Japans.

ステップアップ

◎同等比較

形容詞・副詞の原級を使った、「～と同じくらい…」という表現です。
英語の 〈as ＋形容詞＋ as〉にあたります。

so ＋形容詞＋ wie ～

　Er ist **so *alt* wie** ich.　彼は私と同じ年齢です。

　Makoto ist nicht **so *groß* wie** Thomas.　マコトはトーマスほど背が高くない。

再帰代名詞・zu 不定詞

1. 再帰代名詞　`DL 110`

3格・4格の代名詞が主語と同じ＜ひと・もの＞を指す場合には、人称代名詞（☞ 22p.）ではなく、**再帰代名詞**を使います。「…自身に／…自身を」といった意味を表します。

	ich	du	er/sie/es	wir	ihr	sie	Sie
3格	mir	dir	**sich**	uns	euch	**sich**	**sich**
4格	mich	dich	**sich**	uns	euch	**sich**	**sich**

kämmen: ～⁴ の髪をとかす

　Anna kämmt **sich**.　　　　　　アナは自分（＝アナ）の髪をとかす。　（Anna ＝ sich）

　参考 Anna kämmt **sie**.　　　　　アナは彼女（＝別の女性）の髪をとかす。（Anna ≠ sie）

vor|stellen: ～⁴ を紹介する

　Makoto stellt **sich** vor.　　　　　　　　　マコトは自己紹介する。　　　　（Makoto ＝ sich）

　参考 Makoto stellt **ihn** seinem Freund vor.　マコトは彼（＝別の男性）を友人に紹介する。（Makoto ≠ ihn）

2. 再帰動詞　`DL 111`

再帰代名詞とセットで使い、ひとかたまりの意味を表す動詞です。熟語と考えてください。

・おもな**再帰動詞**

sich⁴ setzen（座る）　　　　　　　　　　　　Er **setzt** *sich* auf den Stuhl.
　　　　　　　　　　　　　　　　　　　　　　　彼はイスに座る。

sich⁴ an ～⁴ erinnern（～⁴ を思い出す、覚えている）　Wir **erinnern** *uns* **an** ihn.
　　　　　　　　　　　　　　　　　　　　　　　私たちは彼を覚えています。

sich⁴ auf ～⁴ freuen（～⁴ を楽しみにしている）　Die Kinder **freuen** *sich* **auf** die Ferien.
　　　　　　　　　　　　　　　　　　　　　　　子どもたちは休みを楽しみにしている。

sich⁴ über ～⁴ freuen（～⁴ を喜ぶ）　　　　　Sie **freut** *sich* **über** das Geschenk.
　　　　　　　　　　　　　　　　　　　　　　　彼女はプレゼントを喜んでいる。

sich⁴ für ～⁴ interessieren（～⁴ に興味がある）　Ich **interessiere** *mich* **für** klassische Musik.
　　　　　　　　　　　　　　　　　　　　　　　私はクラシック音楽に興味があります。

・辞書や教科書では sich⁴ setzen（座る）のように、再帰代名詞のことを sich と表記しています。かならず主語に合わせて再帰代名詞を選んでください。

例）**Ich** setze *mich*.　　　**Wir** setzen *uns*.　　　**Er** setzt *sich*.

　　私は座ります。　　　　　私たちは座ります。　　　彼は座ります。

3. zu 不定詞

〈zu ＋動詞の不定形〉の形を **zu 不定詞**といいます。文中で名詞・形容詞・副詞と同じはたらきをします。

| gehen | 行く | → | zu gehen |
| aufǀstehen | 起きる | → | auf**zu**stehen |

・分離動詞では、前つづりと基礎動詞部分の間に zu をはさみ、全体を１語につづります。

◎ **zu 不定詞の３つの用法**

① 名詞的用法「…すること」

主語として　　Eine Fremdsprache **zu lernen** ist wichtig.　　外国語を学ぶことは大切だ。

　　・形式主語の es を文頭に置く言い方もあります。

Es ist wichtig, eine Fremdsprache **zu lernen**.

目的語として　Ich habe vor, nach Berlin **zu fahren**.
　　　　　　　私はベルリンに行くことを予定している。

② 形容詞的用法（文中の名詞を説明・補足するはたらき）

Hast du Lust, mit uns Tennis **zu spielen**?　　私たちといっしょにテニスをする気はありますか？

③ 副詞的用法（熟語）

- **um ... ＋ zu 不定詞**　　…するために
- **ohne ... ＋ zu 不定詞**　　…することなしに
- **statt ... ＋ zu 不定詞**　　…するかわりに

Ich lerne Deutsch, **um** in Deutschland **zu studieren**.
私はドイツで大学に通うためにドイツ語を学んでいます。

◎ **zu 不定詞のポイント**

・zu 不定詞は zu 不定詞句の最後に置きます。（zu 不定詞句→ zu 不定詞を含むフレーズのこと）

　　○ Tennis **zu spielen**　　　×zu spielen Tennis　　　参考 *to play tennis*

・zu 不定詞句の前後は、原則としてコンマで区切ります。

Hast du Lust, mit uns Tennis **zu spielen**?

Eine Fremdsprache **zu lernen** ist wichtig.　　（←文頭ではコンマを打たないこともある）

・zu 不定詞句のなかに主語はいりません。

ÜBUNGEN

1 （　　　　）に適切な人称代名詞または再帰代名詞を入れなさい。 `DL 113`

① Ich hasse（　　　　　　　）.　　　　　私は彼を嫌いだ。

② Er hasst（　　　　　　）selbst.　　　彼は彼自身を嫌っている。（＝自分のことが嫌いだ）

③ Sie stellt（　　　　　　）vor.　　　　彼女は彼を紹介する。

④ Sie stellt（　　　　　　）vor.　　　　彼女は彼女自身を紹介する。（＝自己紹介する）

⑤ Ich dusche（　　　　　　）.　　　　　私は私をシャワーで洗う。（＝私はシャワーを浴びる）

⑥ Er duscht（　　　　　　）.　　　　　彼は彼自身をシャワーで洗う。（＝彼はシャワーを浴びる）

⑦ Er kauft（　　　　　）ein Buch.　　　彼は彼女に本を買う。

⑧ Er kauft（　　　　　）ein Buch.　　　彼は自分用に本を買う。

⑨ Der Lehrer setzt（　　　　　）auf den Stuhl. 先生は彼をイスに座らせる。

⑩ Der Lehrer setzt（　　　　　）auf den Stuhl. 先生は自分自身をイスに座らせる。（＝座る）

2 上の文を zu 不定詞句に直して、下の文につなげなさい。 `DL 114`

① Er macht Hausaufgaben.

Er hat vergessen, --

② Ich koche zu Hause.

Ich habe keine Zeit, --

③ Ich sehe Sie bald wieder.

Ich hoffe, ---

④ Man geht zur Wahl.

Es ist wichtig, --

3 日本語に訳しなさい。

① Ich setze mich aufs Sofa. (aufs=auf das) --------------------------------

② Erinnerst du dich an den Titel des Filmes?

----

③ Es ist mein Traum, Pilot zu werden.

----

④ Ich fahre nach Berlin, um meinen Freund zu besuchen.

FORTSCHRITT

ドイツ語に訳しなさい。　　　　　　　　　　　　　　　　　　　　DL 115

① その学生（Student 男）は日本への旅行（die Reise nach Japan）を楽しみにしている。

----

② 君は政治（Politik）に関心がありますか？

----

③ 自転車で（mit dem Fahrrad）通勤する（zur Arbeit fahren）ことは健康的（gesund）だ。

----

④ 私はドイツ（Deutschland）へ旅行する（reisen）ために、お金を貯める（Geld sparen）。

ステップアップ

◎**所有の３格**

　waschen（洗う）という動詞があります。この動詞は３格の代名詞とともに、〈sich³/ 人 ³ ＋…⁴ ＋ waschen〉の形で「～ ³ の…⁴（からだの部位）を洗う」のように使います。

　Ich wasche **mir** die Hände.　　私は自分の手を洗う。

　この３格は、からだの部位が「誰の」ものなのかを示しています。このような３格を〈所有の３格〉といいます。waschen の場合、３格の代名詞には再帰代名詞がくる場合と、ふつうの人称代名詞がくる場合があります。意味のちがいに注意しましょう。

　Thomas wäscht **sich** die Hände.　　トーマスは自分（＝トーマス）の手を洗う。（Thomas = sich）
　Thomas wäscht **ihm** die Hände.　　トーマスは彼（＝別の男性）の手を洗う。　（Thomas ≠ ihm）

関係代名詞・接続法

1. 関係代名詞 `DL 116`

関係代名詞は代名詞のひとつです。名詞を後ろから修飾する文（＝関係文）を作るときに用います。

・関係代名詞は前にある名詞（＝先行詞）を置き換えます。

	男性名詞	女性名詞	中性名詞	複数形
1格	der	die	das	die
2格	dessen	deren	dessen	deren
3格	dem	der	dem	denen
4格	den	die	das	die

・1格　　Der Mann heißt Herr Müller. Er spricht mit Frau Sato.

その男性（男）はミュラーさんといいます。彼はサトウさんと話しています。

Der Mann, **der** mit Frau Sato *spricht*, heißt Herr Müller.

先行詞　関係文　　サトウさんと話している男性はミュラーさんといいます。

```
＊関係文の構造
① 関係代名詞は関係文の先頭に置かれる
② 動詞は関係文の文末に置く（副文）
③ 関係文の前後はコンマで区切る
④ 関係代名詞の性・数　 → 先行詞の性・数と同じ
⑤ 関係代名詞の格　　　 → 関係文の中での役割（主語か目的語かなど）で決める
```

・4格　　Der Mann, **den** Frau Sato *liebt*, heißt Herr Müller.

サトウさんが愛している男性はミュラーさんといいます。（Frau Sato liebt ihn.）

・3格　　Der Mann, **dem** ich Blumen *schenkte*, heißt Herr Müller.

私が花を贈った男性はミュラーさんといいます。（Ich schenkte ihm Blumen.）

・2格　　Ich habe einen Freund, **dessen** Mutter Ärztin *ist*.

私は母親が医者である友人を持っています。（Die Mutter des Freundes ist Ärztin.）

◎前置詞＋関係代名詞 `DL 117`

前に前置詞がついているときは、〈前置詞＋関係代名詞〉の形になります。

Der Mann heißt Herr Müller. Frau Sato spricht mit ihm.

その男性はミュラーさんといいます。サトウさんは彼と話しています。

Der Mann, **mit dem** Frau Sato spricht, heißt Herr Müller.

サトウさんが話している男性はミュラーさんといいます。

2. 接続法第2式

接続法には、間接話法などで用いられる第1式と、非現実話法などで用いられる第2式があります。ここでは第2式だけを扱います。

> 接続法第2式基本形 → 過去基本形＋e

・接続法第2式基本形のポイント

① 規則動詞： 過去基本形と同じ形

lernen	→	lernte	→	lernte
不定形		過去基本形		接続法第2式基本形

② 不規則動詞： 語幹の母音 a, o, u はウムラウトする

kommen	→	kam	→	käme
不定形		過去基本形		接続法第2式基本形

・上の接続法第2式基本形に、主語に合わせて過去形と同じ語尾をつけます。☞ 43p.

	lernen	kommen	sein	haben	werden
接2基本形	lernte	käme	wäre	hätte	würde
ich	lernte	käme	wäre	hätte	würde
du	lernte-**st**	käme-**st**	wäre-**st**	hätte-**st**	würde-**st**
er/sie/es	lernte	käme	wäre	hätte	würde
wir	lernte-**n**	käme-**n**	wäre-**n**	hätte-**n**	würde-**n**
ihr	lernte-**t**	käme-**t**	wäre-**t**	hätte-**t**	würde-**t**
sie	lernte-**n**	käme-**n**	wäre-**n**	hätte-**n**	würde-**n**
Sie	lernte-**n**	käme-**n**	wäre-**n**	hätte-**n**	würde-**n**

◎接続法第2式の用法

① 非現実話法：事実とは異なる話し手の仮定・願望・推測「もし…ならば、～なのに / ～だろう」

Wenn ich Geld **hätte**, **reiste** ich nach Deutschland.

Wenn ich Geld **hätte**, **würde** ich nach Deutschland *reisen*.

もしお金があれば、私はドイツへ旅行するのに。

・接続法第2式は〈würde ＋ 動詞の不定形（文末）〉で代用できます。ただし sein、haben、話法の助動詞などは接続法第2式をそのまま用います。

② 外交話法：ていねいな依頼

Ich **hätte** gern noch eine Tasse Kaffee. もう一杯コーヒーをいただけますか。

Könnten Sie mich morgen *anrufen*? 明日お電話いただけますか？

ÜBUNGEN

1 （　　　　　）に適切な 1 格の関係代名詞を入れなさい。　　　　　　　　　`DL 120`

① Die Frau, （　　　　　　　） dort steht, ist meine Lehrerin.
あそこに立っている女性〔女〕は私の先生です。

② Der Mann, （　　　　　　　） dort steht, ist mein Lehrer.
あそこに立っている男性〔男〕は私の先生です。

③ Das Kind, （　　　　　　　） dort steht, ist mein Neffe.
あそこに立っている子ども〔中〕は私の甥です。

④ Ich kenne einen Mann, （　　　　　　　） Deutsch spricht.
私はドイツ語を話す男性〔男〕を知っています。

⑤ Ich kenne eine Frau, （　　　　　　　） Französisch spricht.
私はフランス語を話す女性〔女〕を知っています。

2 [　　　　　] から適切な関係代名詞を選びなさい。（格に注意して）　　　　`DL 121`

① Das ist der Wein, （　　　　　　　） ich gern trinke.　　　　　　　[der / dem / den]
これは私が好んで飲むワイン〔男〕です。

② Das ist die Zeitschrift, （　　　　　　　） ich jede Woche lese.　　[die / deren / der]
これは私が毎週読む雑誌〔女〕です。

③ Das ist das Eis, （　　　　　　　） ich gern esse.　　　　　　　　[das / dessen / dem]
これは私が好んで食べるアイス〔中〕です。

④ Das sind die Fotos, （　　　　　　　） ich in Berlin gemacht habe.　[die / deren / denen]
これは私がベルリンでとった写真〔複〕です。

⑤ Das ist der Mann, mit （　　　　　　　） ich oft ins Theater gehe.　[der / dem / den]
こちらが私がよく一緒に演劇を見に行く男性〔男〕です。

3 日本語に合うように、（　　　　　）の動詞を適切な形にして点線部に書き入れなさい。　`DL 122`

① Wenn ich eine Zeitmaschine _____, _____ ich in die Zukunft reisen.
もしタイムマシーンがあれば、未来へ旅行するのに。　　　　　　　　　　（haben, werden）

② Wenn ich Politiker _____, _____ ich es nicht so machen. (sein, werden)
もし私が政治家なら、そんなふうにはしないのに。

③ Wenn ich ein reicher Mann _____! (sein)　　　　お金持ちならなあ！

④ Ich _____ eine Frage an Sie. (haben)　　　　質問してもよろしいでしょうか。

FORTSCHRITT

1 2番目の文を関係文にして、1文にしなさい。　　　　　　　　　　　　　　　`DL 123`

① Ich habe einen Freund.　　Der Freund wohnt in Berlin.

　　私は友だちがいます。　　　　その友だちはベルリンに住んでいます。

----

② Das Buch ist sehr interessant.　　Ich lese jetzt das Buch.

　　その本はとてもおもしろい。　　　　私はいまその本を読んでいる。

----

③ Die Oper war sehr schön.　　Ich habe gestern die Oper gesehen.

　　そのオペラはとてもよかった。　　　　私はきのうそのオペラを見た。

----

2 ドイツ語に訳しなさい。　　　　　　　　　　　　　　　`DL 124`

① もし（wenn）お金（Geld）があれば、私は世界旅行をする（eine Weltreise machen）のに。

----

② 手伝っていただけますか？（Können Sie mir helfen? を接続法第2式に）

ステップアップ

◎**接続法第1式**

　接続法第1式の基本的な用法は〈間接話法〉です。間接引用の文であることをはっきり示したいとき、ドイツ語では動詞を接続法第1式の形にします。

　接続法第1式の基本形は〈動詞の語幹＋e〉です。この基本形に、主語にあわせて〈過去形の語尾〉をつけます。（ただし語尾にeが重複する場合は、一方のeを省く）

　　　Er sagte: „Anna kommt morgen".　　（直接引用）
　　　彼は「アナはあした来るよ」と言った。

　　　Er sagte, Anna **komme** morgen.　　（接続法第1式による間接引用）
　　　彼は、アナはあした来ると言った。

　なお主語が3人称複数の場合のように、接続法第1式が直説法現在と同じ形になる場合は、接続法第2式で代用します。

　　　Er sagte, sie **kämen** morgen. ／ Er sagte, sie **würden** morgen **kommen**.
　　　彼は、彼らはあした来ると言った。

◎男性形と女性形

　身分、職業、国籍を表す名詞には**男性形**と**女性形**の区別があります。男性に対しては男性形を、女性に対しては女性形を使います。多くの場合は男性形に -in をつけると女性形になります。

	男性形	女性形
大学生	Student	Studentin
教師	Lehrer	Lehrerin
医者	Arzt	Ärtztin
日本人	Japaner	Japanerin

＊女性形では母音がウムラウトする語もあります

◎男性弱変化名詞

　男性名詞のなかで一部の名詞は、単数 1 格以外のすべての格で -[e]n の語尾がつくものがあります。これらの名詞を男性弱変化名詞といいます。多くは身分・職業や動物を表す名詞です。

Student（男子大学生）				Löwe（ライオン）			
	単数	複数			単数	複数	
1 格	der Student	die Studenten		der Löwe	die Löwen		
2 格	des Studenten	der Studenten		des Löwen	der Löwen		
3 格	dem Studenten	den Studenten		dem Löwen	den Löwen		
4 格	den Studenten	die Studenten		den Löwen	die Löwen		

◎ n 型動詞

　ドイツ語の動詞の不定形は kommen（来る）、trinken（飲む）のように～ en の形をしていますが、まれに wandern（ハイキングする）、erinnern（思い出させる）のように～ n の形の動詞もあります。これらの動詞では主語が wir, sie, Sie のとき、語尾が～ en ではなく～ n になることに注意してください。

	wandern	erinnern
ich	wand[e]re	erinnere
du	wanderst	erinnerst
er/sie/es	wandert	erinnert
wir	wandern	erinnern
ihr	wandert	erinnert
sie	wandern	erinnern

	wandern	erinnern
Sie	wandern	erinnern

プラスα | 否定疑問文／数えられない名詞

◎否定をふくむ疑問文

疑問文に否定がふくまれる場合、答えが肯定文の場合は doch で、否定文の場合は nein で答えます。日本語の「はい」、「いいえ」の感覚とは異なるので、注意してください。

Sind Sie *nicht* müde?   あなたは疲れていないのですか？

— **Doch**, ich bin müde.   **いいえ**、私は疲れています。

— **Nein**, ich bin *nicht* müde.   **はい**、私は疲れていません

Kommst du morgen *nicht* zur Uni?   君はあした大学に来ないのですか？

— **Doch**, ich komme morgen zur Uni.   **いいえ**、私はあした大学に来ます。

— **Nein**, ich komme morgen *nicht* zur Uni.   **はい**、私はあした大学に来ません。

◎数えられない名詞

名詞の中には＜数えられない名詞＞と呼ばれるものがあります。代表的なものは以下の3種類です。

・固有名詞……人名、地名など

Thomas（トーマス）、Barbara（バルバラ）、Deutschland（ドイツ）、Berlin（ベルリン）など

・抽象名詞……抽象的な概念などのように、目に見えないものを表す名詞

Angst（不安）、Dank（感謝）、Glück（幸福）、Liebe（愛）、Zeit（時間）、Hunger（空腹）など

・物質名詞……形のはっきりしない物質を表す名詞。ふつうは単位をつけて数える。

Geld（お金）、Fleisch（肉）、Wasser（水）、Kaffee（コーヒー）、Milch（ミルク）、Bier（ビール）など

これらの名詞は、ひとつ、ふたつ……と数えることができないため、不定冠詞 ein（ひとつの…）をつけられません。

Hast du **Zeit**? — Ja, ich habe **Zeit**.   時間はありますか？ — はい、時間があります。

Ist das **Kaffee**? — Nein, das ist kein **Kaffee**, sondern **Tee**.

これはコーヒーですか？ — いいえ、これはコーヒーではなく、お茶です。

ただし日常会話では、「一杯のコーヒー」「一杯のビール」などの意味で、不定冠詞をつけて使うこともあります。

Ich möchte einen Kaffee.   コーヒーを一杯欲しいのですが。

Ein Bier, bitte.   ビールを一杯ください。

プラスα 前置詞エトセトラ

◎前置詞をつかった＜時＞をあらわす表現

・朝、昼、晩、夜

am Morgen 男	朝に	am Mittag 男	昼に
am Abend 男	夕方に、晩に	in der Nacht 女	夜に

・時刻 → um ＋ 4 格

um 10 Uhr	10 時に	Um wie viel Uhr ... ?	何時に…？

・曜日、日付など → an ＋ 3 格

am Montag 男	月曜日に	am Wochenende 中	週末に
am 20. Juli 男	7 月 20 日に		

・月、季節など → in ＋ 3 格

im August 男	8 月に	im Sommer 男	夏に
in den Sommerferien 複	夏休みに		

◎〈動詞＋前置詞〉の熟語

auf ～ ⁴ antworten　　～ ⁴ に答える　　Der Lehrer **antwortet auf** ihre Frage.
先生は彼女の質問に答える。

an ～ ⁴ denken　　～ ⁴ のことを考える　　Ich **denke** immer **an** dich.
僕はいつも君のことを思っているよ。

auf ～ ⁴ warten　　～ ⁴ を待つ　　Er **wartet** lange **auf** sie.
彼はずっと彼女を待っている。

nach ～ ³ fragen　　～ ³ について質問する　　Ich **frage nach** dem Weg zum Bahnhof.
私は駅への道を尋ねる。

◎前置詞を使ったイディオム

nach Hause　　家へ　　Ich gehe um 19 Uhr **nach Hause**.
私は 19 時に家へ帰る。

zu Hause　　家に　　Bist du morgen **zu Hause**?
あしたは家にいますか？

zu Fuß　　徒歩で　　Ich gehe **zu Fuß** zur Uni.
私は歩いて大学に行く。

auf Deutsch　　ドイツ語で　　Wie sagt man „Neko" **auf Deutsch**?
「ネコ」はドイツ語でどう言いますか？

◎ wie ＋形容詞・副詞

疑問詞 wie は形容詞や副詞といっしょに使うこともできます。

Wie alt bist du?	君は何歳ですか？（年齢）
Wie lange dauert der Vortrag?	講演はどれくらい続きますか？（長さ）
Wie oft gehst du im Monat ins Kino?	君は月にどれくらい映画を観に行きますか？（頻度）

◎ wer（誰）の格変化

「誰？」と尋ねる場合は疑問詞 wer を使います。wer は以下のように格変化します。

1 格	wer
2 格	wessen
3 格	wem
4 格	wen

Wer kommt morgen mit?
誰が明日いっしょに来ますか？

Wen besuchen Sie am Wochenende?
あなたは週末に誰を訪ねますか？

　なお wer は前置詞といっしょに使うことができます。その場合、文頭には前置詞がきます。前置詞に合わせて wer が格変化するので注意してください。

Mit wem spielst du Tennis?	君は誰といっしょにテニスをしますか？
Auf wen warten Sie hier?	あなたはここで誰を待っているのですか？

◎基数   DL 125

0 ～ 12：それぞれの単語
13 ～ 19：-zehn
20, 30, 40, 50...：-zig （ただし 30 は -ßig）
2 けたの数：〈1 の位〉 und 〈10 の位〉　→　23：**drei**_und_**zwanzig** （3 と 20）
2 けたの「1」：ein-　　　　　　　　　 →　21：**ein**undzwanzig

0	null				
1	eins	11	elf	21	**ein**undzwanzig
2	zwei	12	zwölf	22	zweiundzwanzig
3	drei	13	dreizehn	30	drei**ßig**
4	vier	14	vierzehn	40	vierzig
5	fünf	15	fünfzehn	50	fünfzig
6	sechs	16	**sechzehn**	60	**sechzig**
7	sieben	17	**siebzehn**	70	**siebzig**
8	acht	18	achtzehn	80	achtzig
9	neun	19	neunzehn	90	neunzig
10	zehn	20	**zwanzig**		

100	(ein) hundert	200	zweihundert	1,000	(ein) tausend
1,000,000	eine Million				

◎序数：「～番目の」

原則として、19 までは〈基数＋ t〉、20 以上は〈基数＋ st〉。

1.	**erst**	11.	elft	21.	einundzwanzigst
2.	zweit	12.	zwölft	22.	zweiundzwanzigst
3.	**dritt**	13.	dreizehnt	30.	dreißigst
4.	viert	14.	vierzehnt	40.	vierzigst
5.	fünft	15.	fünfzehnt	50.	fünfzigst
6.	sechst	16.	sechzehnt	60.	sechzigst
7.	**siebt**	17.	siebzehnt	70.	siebzigst
8.	**acht**	18.	achtzehnt	80.	achtzigst
9.	neunt	19.	neunzehnt	90.	neunzigst
10.	zehnt	20.	zwanzigst		

100.	hundertst	101.	hundert**erst**	1000.	tausendst

・序数を数字で書くときは、数字のあとにピリオドを打ちます。

曜日、月、季節の名称はすべて男性名詞です。

◎曜日

月曜日：*der* Montag
火曜日：*der* Dienstag
水曜日：*der* Mittwoch
木曜日：*der* Donnerstag
金曜日：*der* Freitag
土曜日：*der* Samstag
日曜日：*der* Sonntag

◎月

1 月：*der* Januar
2 月：*der* Februar
3 月：*der* März
4 月：*der* April
5 月：*der* Mai
6 月：*der* Juni
7 月：*der* Juli
8 月：*der* August
9 月：*der* September
10 月：*der* Oktober
11 月：*der* November
12 月：*der* Dezember

◎季節

春：*der* Frühling
夏：*der* Sommer
秋：*der* Herbst
冬：*der* Winter

◎年号の読み方

年号の読み方には、基数とはすこしだけ異なるルールがあるので、注意が必要です。

　1997 年　→　neunzehnhundertsiebenundneunzig

まずは 100 の位と 10 の位で区切ってください。上ふた桁は 100 を単位として数えます。1997 年なら、「19hundert ＋ 97」になるわけです。読み上げるときも、100 をあらわす hundert を忘れないようにしてください。下ふた桁は通常の数字と同じように読んでかまいません。

なお、2000 年以降の年号は、基数と同じ読み方をします。

　2024 年　→　zweitausendvierundzwanzig

付録③ 文法表

◎人称代名詞

	単数					複数			2人称 （敬称）
	1人称	2人称	3人称			1人称	2人称	3人称	
1格	ich	du	er	sie	es	wir	ihr	sie	Sie
3格	mir	dir	ihm	ihr	ihm	uns	euch	ihnen	Ihnen
4格	mich	dich	ihn	sie	es	uns	euch	sie	Sie

・2格は現在ほとんど使われないので省略。

◎再帰代名詞

	ich	du	er/sie/es	wir	ihr	sie	Sie
3格	mir	dir	sich	uns	euch	sich	sich
4格	mich	dich	sich	uns	euch	sich	sich

◎関係代名詞

	男性名詞	女性名詞	中性名詞	複数形
1格	der	die	das	die
2格	dessen	deren	dessen	deren
3格	dem	der	dem	denen
4格	den	die	das	die

・指示代名詞（☞ 25p. ステップアップ ）も、関係代名詞と同じ形です。

◎疑問詞

① 疑問代名詞：**wer**（誰）・**was**（何）

1格	wer	was
2格	wessen	—
3格	wem	—
4格	wen	was

② 疑問副詞

wann	（いつ）	**warum**	（なぜ）	**wie**	（どのように）
wo	（どこに／どこで）	**woher**	（どこから）	**wohin**	（どこへ）

◎動詞の語尾

	① 現在形	② 過去形＆助動詞
ich	～ e	～
du	～ st	～ st
er/sie/es	～ t	～
wir	～ en	
ihr	～ t	
sie	～ en	

| Sie | ～ en ||

◎ sein, haben, werden の現在人称変化

	sein	haben	werden
ich	**bin**	habe	werde
du	**bist**	**hast**	**wirst**
er/sie/es	**ist**	**hat**	**wird**
wir	**sind**	haben	werden
ihr	**seid**	habt	werdet
sie	**sind**	haben	werden

| Sie | **sind** | haben | werden |

◎動詞の３基本形

	不定形	過去基本形	過去分詞
規則動詞	**～ en**	**～ te**	**ge ～ t**
	lern-en	lern-te	ge-lern-t
不規則動詞①	**～ en**	**＊**	**ge ＊ en**
	komm-en	kam	ge-komm-en
不規則動詞②	**～ en**	**＊ te**	**ge ＊ t**
	bring-en	brach-te	ge-brach-t

＊は母音の変化

◎接続法第２式（過去基本形＋e＋過去形の語尾）

	kaufen	kommen	sein	haben	werden
接2基本形	kaufte	käme	wäre	hätte	würde
ich	kaufte	käme	wäre	hätte	würde
du	kaufte-st	käme-st	wäre-st	hätte-st	würde-st
er/sie/es	kaufte	käme	wäre	hätte	würde
wir	kaufte-n	käme-n	wäre-n	hätte-n	würde-n
ihr	kaufte-t	käme-t	wäre-t	hätte-t	würde-t
sie	kaufte-n	käme-n	wäre-n	hätte-n	würde-n
Sie	kaufte-n	käme-n	wäre-n	hätte-n	würde-n

◎冠詞の語尾

・定冠詞

	男性名詞		女性名詞		中性名詞		複数形	
1格「〜は／〜が」	der	Mann	die	Frau	das	Kind	die	Kinder
2格「〜の」	des	Mannes	der	Frau	des	Kindes	der	Kinder
3格「〜に」	dem	Mann	der	Frau	dem	Kind	den	Kindern
4格「〜を」	den	Mann	die	Frau	das	Kind	die	Kinder

・不定冠詞

	男性名詞		女性名詞		中性名詞	
1格「〜は／〜が」	ein	Tisch	eine	Tasche	ein	Auto
2格「〜の」	eines	Tisches	einer	Tasche	eines	Autos
3格「〜に」	einem	Tisch	einer	Tasche	einem	Auto
4格「〜を」	einen	Tisch	eine	Tasche	ein	Auto

・冠詞の語尾のまとめ

	男性名詞	女性名詞	中性名詞	複数形
1格「〜は／〜が」	① -er / ② -	-e	① -es / ② -	-e
2格「〜の」	-es	-er	-es	-er
3格「〜に」	-em	-er	-em	-en
4格「〜を」	-en	-e	① -es / ② -	-e

・冠詞の語尾は、男性１格、中性１・４格以外は、上記の表の１種類しかありません。

　＊男性１格
　　・定冠詞、定冠詞類（dies-er / welch-er / all-er など）　　……　語尾①
　　・不定冠詞（ein）、不定冠詞類（所有冠詞、否定冠詞 kein）　　……　語尾②

　＊中性１・４格
　　・定冠詞　　……　das
　　・定冠詞類（dies-er / welch-er / all-er など）　　……　語尾①
　　・不定冠詞（ein）、不定冠詞類（所有冠詞、否定冠詞 kein）　　……　語尾②

◎形容詞の語尾

①定冠詞(類)＋形容詞＋名詞

	男性名詞			女性名詞			中性名詞			複数形		
1格	der	rot-**e**	Rock	die	rot-**e**	Bluse	das	rot-**e**	Hemd	die	rot-**en**	Schuhe
2格	des	rot-**en**	Rockes	der	rot-**en**	Bluse	des	rot-**en**	Hemdes	der	rot-**en**	Schuhe
3格	dem	rot-**en**	Rock	der	rot-**en**	Bluse	dem	rot-**en**	Hemd	den	rot-**en**	Schuhen
4格	den	rot-**en**	Rock	die	rot-**e**	Bluse	das	rot-**e**	Hemd	die	rot-**en**	Schuhe

②不定冠詞(類)＋形容詞＋名詞

	男性名詞			女性名詞			中性名詞			複数形		
1格	ein	rot-**er**	Rock	eine	rot-**e**	Bluse	ein	rot-**es**	Hemd	meine	rot-**en**	Schuhe
2格	eines	rot-**en**	Rockes	einer	rot-**en**	Bluse	eines	rot-**en**	Hemdes	meiner	rot-**en**	Schuhe
3格	einem	rot-**en**	Rock	einer	rot-**en**	Bluse	einem	rot-**en**	Hemd	meinen	rot-**en**	Schuhen
4格	einen	rot-**en**	Rock	eine	rot-**e**	Bluse	ein	rot-**es**	Hemd	meine	rot-**en**	Schuhe

③無冠詞＋形容詞＋名詞

	男性名詞		女性名詞		中性名詞		複数形	
1格	heiß-**er**	Kaffee	frisch-**e**	Milch	kalt-**es**	Wasser	groß-**e**	Hotels
2格	heiß-**en**	Kaffees	frisch-**er**	Milch	kalt-**en**	Wassers	groß-**er**	Hotels
3格	heiß-**em**	Kaffee	frisch-**er**	Milch	kalt-**em**	Wasser	groß-**en**	Hotels
4格	heiß-**en**	Kaffee	frisch-**e**	Milch	kalt-**es**	Wasser	groß-**e**	Hotels

◎比較級、最上級

	比較級「〜**er**」	最上級「〜**st**」
klein	klein**er**	klein**st**
jung	jüng**er**	jüng**st**

◎形容詞のまとめ

	原級「〜」	比較級「〜**er**」	最上級「〜**st**」
単独用法	語尾はいらない	語尾はいらない	**am**〜st**en** の形で
付加語的用法	語尾がいる		
副詞的用法	語尾はいらない	語尾はいらない	**am**〜st**en** の形で

ワク構造：〈定動詞（v₁）〉および〈動詞に準じる要素（v₂）〉が文を前後からワクのように取り囲む構造

	V₁		**V₂**

v₁：定動詞　　　　　　　　　　　　　v₂：その他の動詞要素

◎分離動詞

	V₁		**V₂**

v₁：基礎動詞部分　　　　　　　　　　v₂：前つづり

Der Zug **kommt** bald in Berlin ***an***.（＜ an｜kommen）　　　その列車はまもなくベルリンに到着します。

◎話法の助動詞

	V₁		**V₂**

v₁：助動詞　　　　　　　　　　　　　v₂：動詞の不定形

Er **kann** gut Tennis ***spielen***.　彼は上手にテニスをすることができます。

◎未来形

	V₁		**V₂**

v₁：未来・推量の助動詞（werden）　　v₂：動詞の不定形

Sie **wird** morgen zur Party ***kommen***.　彼女はあしたパーティーに来るでしょう。

◎現在完了形

	V₁		**V₂**

v₁：完了の助動詞（haben または sein）　　v₂：過去分詞

Ich **habe** gestern Tennis ***gespielt***.　　私はきのうテニスをしました。
Er **ist** gestern nach Osaka ***gefahren***.　彼はきのう大阪へ行きました。

◎受動文

	V₁		**V₂**

v₁：受動の助動詞（werden）　　　　　v₂：過去分詞

Die Kinder **werden** von der Mutter ***geweckt***.　子どもたちは母に起こされる。

著者紹介

荻原耕平（おぎわら　こうへい）
　東京都立大学非常勤講師
山崎泰孝（やまさき　やすたか）
　島根大学准教授

プロムナード やさしいドイツ語文法（三訂版）

2024年 2 月 1 日　印刷
2024年 2 月10日　発行

著　者 © 　荻　原　耕　平
　　　　　　山　崎　泰　孝
発行者　　岩　堀　雅　己
印刷所　　株式会社ルナテック

発行所　101-0052東京都千代田区神田小川町3の24
　　　　電話 03-3291-7811（営業部）, 7821（編集部）
　　　　www.hakusuisha.co.jp　　　　　　株式会社 白水社
　　　　乱丁・落丁本は、送料小社負担にてお取り替えいたします。

振替 00190-5-33228　　　　　　　　　　　　株式会社島崎製本

ISBN978-4-560-06439-9

Printed in Japan

パスポート独和・和独小辞典

諏訪 功［編集代表］ 太田達也／久保川尚子／境 一三／三ッ石祐子［編集］

独和は見出し語数1万5千の現代仕様. 新旧正書法対応で, 発音はカタカナ表記.
和独5千語は新語・関連語・用例も豊富. さらに図解ジャンル別語彙集も付く.
学習や旅行に便利. （2色刷）B小型 557頁 定価3520円（本体3200円）

入門書・初級文法書

ドイツ語のしくみ《新版》
清野智昭 著
B6変型 146頁 定価1430円（本体1300円）

言葉には「しくみ」があります. まず大切なのは全体を大づかみに理解すること. 最後まで読み通すことができる画期的な入門書！

わたしのドイツ語 32のフレーズでこんなに伝わる
田中雅敏 著 （2色刷）【CD付】
A5判 159頁 定価1870円（本体1700円）

32のフレーズだけで気持ちが伝え合える！「わたし」と「あなた」の表現だけだから, すぐに使える. 前代未聞のわかりやすさの「超」入門書！

スタート！ドイツ語A1
岡村りら／矢羽々崇／山本 淳／渡部重美／アンゲリカ・ヴェルナー 著（2色刷）【CD付】
A5判 181頁 定価2420円（本体2200円）

買い物や仕事, 身近なことについて, 簡単な言葉でコミュニケーションすることができる. 全世界共通の語学力評価基準にのっとったドイツ語入門書. 全18ユニット. 音声無料ダウンロード.

スタート！ドイツ語A2
岡村りら／矢羽々崇／山本 淳／渡部重美／アンゲリカ・ヴェルナー 著（2色刷）
A5判 190頁 定価2640円（本体2400円）

短い簡単な表現で身近なことを伝えられる. 話す・書く・聞く・読む・文法の全技能鍛える, 新たな言語学習のスタンダード（ヨーロッパ言語共通参照枠）準拠. 音声無料ダウンロード.

必携ドイツ文法総まとめ（改訂版）
中島悠爾／平尾浩三／朝倉 巧 著（2色刷）
B6判 172頁 定価1760円（本体1600円）

初・中級を問わず座右の書！ 初学者の便を考え抜いた文法説明や変化表に加え, 高度の文法知識を必要とする人の疑問にも即座に答えるハンドブック.

1日15分で基礎から中級までわかる みんなのドイツ語
荻原耕平／畠山 寛 著（2色刷）
A5判 231頁 定価2420円（本体2200円）

大きな文字でドイツ語の仕組みを1から解説. 豊富な例文と簡潔な表でポイントが一目でわかる. 困ったときに頼りになる一冊.

問題集

書き込み式 ドイツ語動詞活用ドリル
櫻井麻美 著
A5判 175頁 定価1320円（本体1200円）

動詞のカタチを覚えることがドイツ語学習の基本. この本はよく使う基本動詞, 話法の助動詞のすべての活用を網羅した初めての1冊.

ドイツ語練習問題3000題（改訂新版）
尾崎盛景／稲田 拓 著
A5判 194頁 定価1980円（本体1800円）

ドイツ語の基本文法, 作文, 訳読をマスターするための問題集. 各課とも基礎問題, 発展問題, 応用問題の3段階式で, 学習者の進度に合わせて利用可能.

単語集

ドイツ語A1/A2単語集
三ッ木道夫／中野英莉子 著
A5判 218頁 定価2640円（本体2400円）

全見出し語に例文付き. 略語, 家族などの必須実用語彙とABC順の実践単語をもとに, 日常生活に必要な基本語彙が効率的に身につく.

例文活用 ドイツ重要単語4000
（改訂新版）羽鳥重雄／平塚久裕 編（2色刷）
B小型 206頁 定価2200円（本体2000円）

abc順配列の第一部では使用頻度の高い簡明な例文を付し, 第二部では基本語・関連語を45場面ごとにまとめて掲げました. 初級者必携.

検定対策

独検対策 4級・3級問題集（五訂版）
恒吉良隆 編著
A5判 200頁 定価2530円（本体2300円）

実際の過去問を通して出題傾向を摑み, ドイツ語力を総合的に高める一冊. 聞き取り対策も音声無料ダウンロードで万全.

新 独検対策4級・3級必須単語集
森 泉／クナウプ ハンス・J 著【CD2枚付】
四六判 223頁 定価2530円（本体2300円）

独検4級・3級に必要な基本単語が300の例文で確認できます. 付属CDには各例文のドイツ語と日本語を収録. 聞き取り練習も用意.

重版にあたり, 価格が変更になることがありますので, ご了承ください.

不規則変化動詞

不　定　詞	過去基本形	過　去　分　詞	直説法現在	接　続　法 II
befehlen 命じる	**befahl**	**befohlen**	ich befehle du befiehlst er befiehlt	beföhle/ befähle
beginnen 始める, 始まる	**begann**	**begonnen**		begänne/ 稀 begönne
beißen 嚙む	**biss** du bissest	**gebissen**		bisse
biegen 曲がる(s); 曲げる(h)	**b<u>o</u>g**	**geb<u>o</u>gen**		b<u>ö</u>ge
bieten 提供する	**b<u>o</u>t**	**geb<u>o</u>ten**		b<u>ö</u>te
binden 結ぶ	**band**	**gebunden**		bände
bitten 頼む	**b<u>a</u>t**	**geb<u>e</u>ten**		bäte
bl<u>a</u>sen 吹く	**blies**	**gebl<u>a</u>sen**	ich bl<u>a</u>se du bl<u>ä</u>st er bl<u>ä</u>st	bliese
bleiben とどまる(s)	**blieb**	**geblieben**		bliebe
br<u>a</u>ten (肉を)焼く	**briet**	**gebr<u>a</u>ten**	ich br<u>a</u>te du br<u>ä</u>tst er br<u>ä</u>t	briete
brechen 破れる(s); 破る(h)	**br<u>a</u>ch**	**gebrochen**	ich breche du brichst er bricht	br<u>ä</u>che
brennen 燃える, 燃やす	**brannte**	**gebrannt**		brennte
bringen もたらす	**brachte**	**gebracht**		brächte
denken 考える	**dachte**	**gedacht**		dächte
dringen 突き進む(s)	**drang**	**gedrungen**		dränge

不 定 詞	過去基本形	過 去 分 詞	直説法現在	接 続 法 II
dürfen …してもよい	**durfte**	**gedurft**/ **dürfen**	ich darf du darfst er darf	dürfte
empfehlen 勧める	**empfahl**	**empfohlen**	ich empfehle du empfiehlst er empfiehlt	empföhle/ empfähle
essen 食べる	**aß**	**gegessen**	ich esse du isst er isst	äße
fahren (乗物で)行く (s, h)	**fuhr**	**gefahren**	ich fahre du fährst er fährt	führe
fallen 落ちる(s)	**fiel**	**gefallen**	ich falle du fällst er fällt	fiele
fangen 捕える	**fing**	**gefangen**	ich fange du fängst er fängt	finge
finden 見つける	**fand**	**gefunden**		fände
fliegen 飛ぶ(s, h)	**flog**	**geflogen**		flöge
fliehen 逃げる(s)	**floh**	**geflohen**		flöhe
fließen 流れる(s)	**floss**	**geflossen**		flösse
fressen (動物が)食う	**fraß**	**gefressen**	ich fresse du frisst er frisst	fräße
frieren 寒い, 凍る (h, s)	**fror**	**gefroren**		fröre
geben 与える	**gab**	**gegeben**	ich gebe du gibst er gibt	gäbe
gehen 行く(s)	**ging**	**gegangen**		ginge
gelingen 成功する(s)	**gelang**	**gelungen**	es gelingt	gelänge
gelten 通用する	**galt**	**gegolten**	ich gelte du giltst er gilt	gälte/ gölte

不 定 詞	過去基本形	過 去 分 詞	直説法現在	接 続 法 II
genießen 楽しむ	**genoss** du genossest	**genossen**		genösse
geschehen 起こる(s)	**geschah**	**geschehen**	es geschieht	geschähe
gewinnen 得る	**gewann**	**gewonnen**		gewönne/ gewänne
gießen 注ぐ	**goss** du gossest	**gegossen**		gösse
gleichen 等しい	**glich**	**geglichen**		gliche
graben 掘る	**gru̱b**	**gegra̱ben**	ich gra̱be du grä̱bst er grä̱bt	grü̱be
greifen つかむ	**griff**	**gegriffen**		griffe
ha̱ben 持っている	**hatte**	**geha̱bt**	ich ha̱be du hast er hat	hätte
halten 保つ	**hielt**	**gehalten**	ich halte du hältst er hält	hielte
hängen 掛かっている	**hing**	**gehangen**		hinge
he̱ben 持ちあげる	**ho̱b**	**geho̱ben**		hö̱be
heißen …と呼ばれる	**hieß**	**geheißen**		hieße
helfen 助ける	**half**	**geholfen**	ich helfe du hilfst er hilft	hülfe/ 稀 hälfe
kennen 知っている	**kan̦nte**	**gekannt**		kennte
klingen 鳴る	**klang**	**geklungen**		klänge
kommen 来る(s)	**ka̱m**	**gekommen**		kä̱me

不 定 詞	過去基本形	過 去 分 詞	直説法現在	接 続 法 II
können …できる	**konnte**	**gekonnt/** **können**	ich kann du kannst er kann	könnte
kriechen はう (s)	**kroch**	**gekrochen**		kröche
laden 積む	**lud**	**geladen**	ich lade du lädst er lädt	lüde
lassen …させる, 放置する	**ließ**	**gelassen/** **lassen**	ich lasse du lässt er lässt	ließe
laufen 走る, 歩く (s, h)	**lief**	**gelaufen**	ich laufe du läufst er läuft	liefe
leiden 苦しむ	**litt**	**gelitten**		litte
leihen 貸す, 借りる	**lieh**	**geliehen**		liehe
lesen 読む	**las**	**gelesen**	ich lese du liest er liest	läse
liegen 横たわっている	**lag**	**gelegen**		läge
lügen 嘘をつく	**log**	**gelogen**		löge
meiden 避ける	**mied**	**gemieden**		miede
messen 計る	**maß**	**gemessen**	ich messe du misst er misst	mäße
mögen 好む	**mochte**	**gemocht/** **mögen**	ich mag du magst er mag	möchte
müssen …しなければ ならない	**musste**	**gemusst/** **müssen**	ich muss du musst er muss	müsste
nehmen 取る	**nahm**	**genommen**	ich nehme du nimmst er nimmt	nähme
nennen 名づける	**nannte**	**genannt**		nennte

不定詞	過去基本形	過去分詞	直説法現在	接続法 II
preisen 称賛する	**pries**	**gepriesen**		priese
r<u>a</u>ten 助言する	**riet**	**ger<u>a</u>ten**	ich r<u>a</u>te du r<u>ä</u>tst er r<u>ä</u>t	riete
reißen 裂ける(s); 裂く(h)	**riss** du rissest	**gerissen**		risse
reiten 馬で行く(s, h)	**ritt**	**geritten**		ritte
rennen 駆ける(s)	**rannte**	**gerannt**		rennte
riechen におう	**roch**	**gerochen**		röche
r<u>u</u>fen 呼ぶ, 叫ぶ	**rief**	**ger<u>u</u>fen**		riefe
schaffen 創造する	**sch<u>u</u>f**	**geschaffen**		sch<u>ü</u>fe
scheiden 分ける	**schied**	**geschieden**		schiede
scheinen 輝く, …に見える	**schien**	**geschienen**		schiene
schelten 叱る	**schalt**	**gescholten**	ich schelte du schiltst er schilt	schölte
schieben 押す	**sch<u>o</u>b**	**gesch<u>o</u>ben**		sch<u>ö</u>be
schießen 撃つ, 射る	**schoss** du schossest	**geschossen**		schösse
schl<u>a</u>fen 眠る	**schlief**	**geschl<u>a</u>fen**	ich schlafe du schl<u>ä</u>fst er schl<u>ä</u>ft	schliefe
schl<u>a</u>gen 打つ	**schl<u>u</u>g**	**geschl<u>a</u>gen**	ich schlage du schlägst er schlägt	schl<u>ü</u>ge
schließen 閉じる	**schloss** du schlossest	**geschlossen**		schlösse

不　定　詞	過去基本形	過　去　分　詞	直説法現在	接　続　法 II
schneiden 切る	**schnitt**	**geschnitten**		schnitte
*er*schrecken 驚く	**erschrak**	**erschrocken**	ich erschrecke du erschrickst er erschrickt	erschräke
schreiben 書く	**schrieb**	**geschrieben**		schriebe
schreien 叫ぶ	**schrie**	**geschrie[e]n**		schriee
schreiten 歩む(s)	**schritt**	**geschritten**		schritte
schweigen 黙る	**schwieg**	**geschwiegen**		schwiege
schwimmen 泳ぐ(s, h)	**schwamm**	**geschwommen**		schwömme/ schwämme
schwören 誓う	**schwor**	**geschworen**		schwüre/ 稀 schwöre
sehen 見る	**sah**	**gesehen**	ich sehe du siehst er sieht	sähe
sein ある, 存在する	**war**	**gewesen**	直説法現在　接続法 I ich bin　sei du bist　sei[e]st er ist ·　sei wir sind　seien ihr seid　seiet sie sind　seien	wäre
senden 送る	**sandte/ sendete**	**gesandt/ gesendet**		sendete
singen 歌う	**sang**	**gesungen**		sänge
sinken 沈む(s)	**sank**	**gesunken**		sänke
sitzen 座っている	**saß**	**gesessen**		säße
sollen …すべきである	**sollte**	**gesollt/ sollen**	ich soll du sollst er soll	sollte

不 定 詞	過去基本形	過去分詞	直説法現在	接続法 II
sprechen 話す	**sprach**	**gesprochen**	ich spreche du sprichst er spricht	spräche
springen 跳ぶ (s, h)	**sprang**	**gesprungen**		spränge
stechen 刺す	**stach**	**gestochen**	ich steche du stichst er sticht	stäche
stehen 立っている	**stand**	**gestanden**		stünde/ stände
stehlen 盗む	**stahl**	**gestohlen**	ich stehle du stiehlst er stiehlt	stähle/ 稀 stöhle
steigen 登る (s)	**stieg**	**gestiegen**		stiege
sterben 死ぬ (s)	**starb**	**gestorben**	ich sterbe du stirbst er stirbt	stürbe
stoßen 突く (h); ぶつかる (s)	**stieß**	**gestoßen**	ich stoße du stößt er stößt	stieße
streichen なでる	**strich**	**gestrichen**		striche
streiten 争う	**stritt**	**gestritten**		stritte
tragen 運ぶ	**trug**	**getragen**	ich trage du trägst er trägt	trüge
treffen 出会う	**traf**	**getroffen**	ich treffe du triffst er trifft	träfe
treiben 駆りたてる	**trieb**	**getrieben**		triebe
treten 踏む (h); 歩む (s)	**trat**	**getreten**	ich trete du trittst er tritt	träte
trinken 飲む	**trank**	**getrunken**		tränke
tun する, 行う	**tat**	**getan**		täte

不 定 詞	過去基本形	過 去 分 詞	直説法現在	接 続 法 II
verderben だめになる(s); だめにする(h)	**verdarb**	**verdorben**	ich verderbe du verdirbst er verdirbt	verdürbe
vergessen 忘れる	**vergaß**	**vergessen**	ich vergesse du vergisst er vergisst	vergäße
verlieren 失う	**verlor**	**verloren**		verlöre
wachsen 成長する(s)	**wuchs**	**gewachsen**	ich wachse du wächst er wächst	wüchse
waschen 洗う	**wusch**	**gewaschen**	ich wasche du wäschst er wäscht	wüsche
weisen 指示する	**wies**	**gewiesen**		wiese
wenden 向きを変える	**wandte/ wendete**	**gewandt/ gewendet**		wendete
werben 募集する	**warb**	**geworben**	ich werbe du wirbst er wirbt	würbe
werden …になる(s)	**wurde**	**geworden/** 受動 **worden**	ich werde du wirst er wird	würde
werfen 投げる	**warf**	**geworfen**	ich werfe du wirfst er wirft	würfe
wiegen 重さを量る	**wog**	**gewogen**		wöge
wissen 知っている	**wusste**	**gewusst**	ich weiß du weißt er weiß	wüsste
wollen 欲する	**wollte**	**gewollt/ wollen**	ich will du willst er will	wollte
ziehen 引く(h); 移動する(s)	**zog**	**gezogen**		zöge
zwingen 強制する	**zwang**	**gezwungen**		zwänge

PROMENADE

Deutsch

3. Auflage

追加練習問題

単語チェック

＊ 追加練習問題は PDF データも用意してあります。
ご希望の先生方には E メールでお送りいたします。
text@hakusuisha.co.jp までご連絡ください。

白水社

Lektion 1　ドイツ語の発音

1 次の略語を読みなさい。

① CD　　...

② DVD　...

③ PC　　...

④ BMW　...

⑤ ICE　　...

⑥ EU　　...

⑦ USA　...

⑧ CDU　...

⑨ SPD　...

2 次の地名を読みなさい。

① Frankfurt　.....................　② Bremen　.....................

③ Düsseldorf　.....................　④ Wien　.....................

⑤ Salzburg　.....................　⑥ Stuttgart　.....................

⑦ Leipzig　.....................　⑧ München　.....................

⑨ Österreich　.....................　⑩ die Schweiz　.....................

3 次の語を読みなさい。

① Wein　.....................　② Bier　.....................

③ Freund　.....................　④ Käse　.....................

⑤ Löffel　.....................　⑥ Übung　.....................

⑦ Volkswagen　.....................　⑧ Englisch　.....................

⑨ Sohn　.....................　⑩ Tochter　.....................

4 次の人名を読みなさい。

① Gutenberg .... ② Bach ....

③ Mozart .... ④ Freud ....

⑤ Einstein .... ⑥ Wenders ....

5 数字の1〜10を読みなさい。

① eins .... ② zwei ....

③ drei .... ④ vier ....

⑤ fünf .... ⑥ sechs ....

⑦ sieben .... ⑧ acht ....

⑨ neun .... ⑩ zehn ....

6 次のドイツ語を読みなさい。

① Guten Tag! ....

② Auf Wiedersehen! ....

③ Danke schön! ....

④ Bitte schön! ....

⑤ Wie geht es dir? ....

⑥ Wie heißt du? ....

Lektion 2　人称代名詞と動詞の現在人称変化

1 （　）の動詞を定形に直しなさい。

① Ich .... Kaffee. (trinken)　　　私はコーヒーを飲みます。

② Wir .... in Wien. (wohnen)　　　私たちはウィーンに住んでいます。

③ Sie .... gern Tennis. (spielen)　　　彼女はテニスをするのが好きです。

④ Sie .... in Tokyo. (studieren)　　　彼らは東京の大学に通っています。

⑤ Thomas .... gut. (kochen)　　　トーマスは料理が上手です。

⑥ Barbara .... gern Musik. (hören)　　　バルバラは音楽を聞くのが好きです。

2 seinとhabenを定形に直しなさい。

① Ich .... Japaner. (sein)　　　私は日本人（男性）です。

② .... du müde? (sein)　　　君は疲れているの？

③ Er .... Arzt. (sein)　　　彼は医者です。

④ Ihr .... freundlich. (sein)　　　君たちは親切だね。

⑤ Wir .... Studenten. (sein)　　　私たちは学生です。

⑥ .... Sie Herr Müller? (sein)　　　あなたはミュラーさんですか？

⑦ Thomas .... Bäcker. (sein)　　　トーマスはパン屋です。

⑧ Ich .... Hunger. (haben)　　　私はお腹がすいています。

⑨ Er .... heute Geburtstag. (haben)　　　彼はきょう誕生日です。

⑩ .... Sie einen Stift? (haben)　　　書くものを持っていますか？

3 次の文の動詞の不定形は何ですか？

① Kennst du Frau Sato?　　　あなたはサトウさんを知っていますか？

② Wir sind Freunde.　　　私たちは友だちです。

③ Herr Müller ist Lehrer.　　　ミュラーさんは教師です。

④ Habt ihr Hunger?　　　君たちはお腹がすいていますか？

⑤ Thomas arbeitet fleißig.　　　トーマスはまじめに働いています。

⑥ Wohin reist du?　　　君はどこへ旅行しますか？

4 ドイツ語に訳しなさい。

① マコトは大学生（Student）です（sein）。彼は物理学（Physik）を専攻しています（studieren）。

  ....

② 君はきょう（heute）時間（Zeit）がありますか（haben）？（＝時間を持っていますか）

  ── はい、私はきょう時間があります。

  ....

  ....

③ あなたたちはどこから（woher）来ましたか（kommen）？

  ── 私たちはウィーンから（aus Wien）来ました。

  ....

  ....

④ 彼女はどこで（wo）働いていますか（arbeiten）？

  ── 彼女はハンブルクで（in Hamburg）働いています。

  ....

  ....

Lektion 3　名詞の性と格

1　性と格に注意して（　　）に正しい定冠詞を入れなさい。

①　（　　　　　　　　）Computer ist neu.

その コンピューター（男）はあたらしい。

②　（　　　　　　　　）Studentin heißt Yuka.

その女子大生（女）はユカといいます。

③　（　　　　　　　　）Kind lernt Klavier.

その子（中）はピアノを習っています。

④　Kennst du（　　　　　　　）Politiker?

君はその政治家（男）を知っていますか？

⑤　Sie dankt（　　　　　　　　）Mann.

彼女はその男性（男）に感謝しています。

⑥　Ich zeige Makoto（　　　　　　　）Foto.

私はマコトにその写真（中）を見せます。

2　性と格に注意して（　　）に正しい不定冠詞を入れなさい。

①　Da ist（　　　　　　　）Supermarkt.

あそこにスーパー（男）があります。

②　Da ist（　　　　　　　）Kirche.

あそこに教会（女）があります。

③　Ich habe（　　　　　　　）Computer.

私はコンピューター（男）を持っています。

④　Ich nehme（　　　　　　　）Suppe.

私はスープ（女）をとります。（＝スープにします）

⑤　Ich kaufe（　　　　　　）Hemd und（　　　　　　　）Jacke.

私はシャツ（中）を1枚とジャケット（女）を1着買います。

⑥　Sie schenkt Thomas（　　　　　　　）Buch.

彼女はトーマスに本（中）をプレゼントします。

6

名詞の2格に注意して、（　）に正しい定冠詞または不定冠詞を入れなさい。

① Der Autor （　　　　　　） Buches ist berühmt. その本（中）の著者は有名です。

② Die Schwester （　　　　　　） Frau wohnt in Hamburg.

その女性（女）の姉妹はハンブルクに住んでいます。

③ Er ist der Bruder （　　　　　） Musikers. 彼はある音楽家（男）の兄弟です。

④ Sie ist die Tochter （　　　　　） Schriftstellerin. 彼女はある作家（女）の娘です。

4 下線部の名詞を複数形にして、全文を書き直しなさい。

① <u>Das Kind</u> spielt Tennis.　　　　　その子はテニスをする。

....

② Ich suche <u>das Buch</u>.　　　　　私はその本を探しています。

....

③ Hast du <u>einen Stift</u>?　　　　　君は書くものを持っていますか？

....

④ Er kauft <u>dem Kind</u> <u>ein Buch</u>.　　　　彼はその子に本を買う。

....

5 ドイツ語に訳しなさい。

① その女性（Frau 女）は何という（wie）名前ですか（heißen）？

—— 彼女はミュラーさん（Frau Müller）といいます。

....

② そのリュックサック（Rucksack 男）は実用的（praktisch）です。私はそのリュックサックを買います（kaufen）。

....

③ 君は傘（Schirm 男）を持っていますか（haben）？

....

④ その生徒（Schüler 男）たちはドイツ語（Deutsch）を学んでいます（lernen）。

....

Lektion 4 定冠詞類と不定冠詞類

1 性と格に注意して（　　）に適切な定冠詞類を入れなさい。

① （　　　　　　） Film ist interessant.　　この映画（男）はおもしろい。

② （　　　　　　） Kirche ist schön.　　この教会（女）は美しい。

③ （　　　　　　） Fahrrad ist kaputt.　　この自転車（中）はこわれています。

④ （　　　　　　） Studenten kommen aus Deutschland.

　　　この学生たち（複）はドイツ出身です。

⑤ Ich trinke （　　　　　　） Bier.　　私はこのビール（中）を飲みます。

⑥ （　　　　　　） Musik hörst du gern?

　　　どの音楽（女）を君は聞くのが好きですか？

⑦ Sie spielt （　　　　　　） Woche Tennis.

　　　彼女は毎週（女；4格で）テニスをします。

⑧ （　　　　　　） Kinder lernen Deutsch.

　　　すべての子供たち（複）がドイツ語を学んでいます。

2 性と格に注意して（　　）に適切な所有冠詞を入れなさい。

① （　　　　　　） Vater ist Arzt.　　私の父（男）は医者です。

② （　　　　　　） Mutter ist Lehrerin.　　私の母（女）は教師です。

③ （　　　　　　） Kind ist fünf Jahre alt.　私たちの子ども（中）は5歳です。

④ （　　　　　　） Ohrringe sind schön.　あなたのイヤリング（複）はきれいですね。

⑤ Kennst du （　　　　　　） Bruder?　君は彼女のお兄さん（男）を知っていますか？

⑥ Ich suche （　　　　　　） Brille.　　私は私のメガネ（女）を探しています。

⑦ Thomas schenkt （　　　　　　） Eltern eine Uhr.

　　　トーマスは彼の両親（複）に時計を贈ります。

⑧ Der Bruder （　　　　　　） Freundes ist Pianist.

　　　私の友だち（男）のお兄さんはピアニストです。

3 次の文を否定文に書きかえなさい。

① Ich habe ein Auto. ……………………………………………

② Ich trinke Kaffee. ……………………………………………

③ Das ist mein Auto. ……………………………………………

④ Dieser Garten ist groß. ……………………………………………

⑤ Makoto lernt fleißig. ……………………………………………

⑥ Ich kaufe dieses Hemd.（全文否定で）……………………………………

4 ドイツ語に訳しなさい。

① 君のお兄さん（Bruder 男）は何を（was）専攻していますか（studieren）？
　　── 彼は法律学（Jura 複；無冠詞で）を専攻しています。

　　……………………………………………………………………………

② 彼は彼の息子（Sohn 男）にこの本（Buch 中）を贈る（schenken）。

　　……………………………………………………………………………

③ あなたはどのケーキ（Kuchen 男）を食べますか（essen）？
　　── 私はこのケーキを食べます。

　　……………………………………………………………………………

④ 彼女は私のガールフレンド（Freundin 女）ではありません。彼女は私の姉
　　（Schwester 女）です。

　　……………………………………………………………………………

1 （　　）に適切な人称代名詞を入れなさい。

① Barbara besucht （　　　　　） heute.　　　バルバラは私をきょう訪ねます。

② Unser Lehrer sucht （　　　　　）.　　　私たちの先生が君たちを探しています。

③ Der Kellner bringt （　　　　　） Kaffee.　　ウェーターは私たちにコーヒーを運びます。

④ Ich empfehle （　　　　） diesen Film.　　私は君にこの映画を薦めます。

⑤ Sie schenkt （　　　　　） ein Taschentuch.　彼女は彼にハンカチを贈ります。

⑥ Wir danken （　　　　　） herzlich.　　　私たちは彼らに心から感謝しています。

2 指示にしたがって次の文を書き直しなさい。

A:　Thomas kauft seinem Kind diesen Computer.

B:　Er schenkt seiner Freundin zwei Bücher.

① 3格の名詞を人称代名詞にして書き直しなさい。

A:　……………………………………………………………………………

B:　……………………………………………………………………………

② 4格の名詞を人称代名詞にして書き直しなさい。

A:　……………………………………………………………………………

B:　……………………………………………………………………………

③ 3格、4格の名詞を両方とも人称代名詞にして書き直しなさい。

A:　……………………………………………………………………………

B:　……………………………………………………………………………

3 日本語に訳しなさい。

① In München ist es nachmittags sonnig. （天気予報で）

   ....

② Ist dir nicht kalt?

   ....

③ Es ist schon Mittagszeit.

   ....

④ Morgen gibt es eine Party.

   ....

4 ドイツ語に訳しなさい。

① 私の母（Mutter 囡）は私に辞書（Wörterbuch 回）を1冊買う（kaufen）。

   ....

② 私たちは猫（Katze 囡）を1匹飼っています（haben）。その猫はまだ
   （noch）小さい（klein）です（sein）。（下線部は人称代名詞で）

   ....

③ きょう（heute）はとても（sehr）寒い（kalt）です（sein）。

   ....

④ この辺に（hier）銀行（Bank 囡；不定冠詞をつけて）はありますか？

   ....

11

1 日本語に訳しなさい。

① Er spricht gut Deutsch.

....

② Der Lehrer gibt den Schülern Hausaufgaben.

....

③ Schläft Thomas noch?

....

④ Er trägt heute keine Brille.

....

⑤ Nimmst du Bier oder Wein?

....

⑥ Jeden Tag hilft sie ihrer Mutter.

....

2 次の文の主語をduにして書きかえなさい。

① Wann fahren Sie nach München?

....

② Wie lange schlafen Sie meistens?

....

③ Nehmen Sie oft ein Taxi?

....

④ Werden Sie Lehrerin?

....

3 次の文の主語をerにして書きかえなさい。

① Sie fahren nach Würzburg.

………………………………………………………………………………

② Lest ihr gern Krimis?

………………………………………………………………………………

③ Wir nehmen den Bus.

………………………………………………………………………………

④ Ich werde oft krank.

………………………………………………………………………………

4 次の動詞を命令形に直しなさい。（＊は変化に注意）

	duに対して	ihrに対して	Sieに対して
holen（取ってくる）	……………………	……………………	……………………
zeigen（見せる）	……………………	……………………	……………………
arbeiten（働く）	……………………	……………………	……………………
lesen（読む）	……………………	……………………	……………………

5 ドイツ語に訳しなさい。（＊は不規則動詞）

① 彼は本（Bücher 複）を読む（lesen*）のが好き（gern）です。彼女は映画（Filme 複）を見るのが好きです（sehen*）。

………………………………………………………………………………

② 君は何を（was）食べる（essen*）のが好き（gern）ですか？
　ー 私は野菜（Gemüse；無冠詞で）を食べるのが好きです。

………………………………………………………………………………

③ ここを（hier）真っすぐに（geradeaus）行って（gehen）ください。（道案内で）〈Sieに対して〉

………………………………………………………………………………

④ 私が君を助けます（helfen*）。

………………………………………………………………………………

Lektion 7 前置詞

1 点線部に前置詞を、（　）に定冠詞または人称代名詞を入れなさい。

① Sie spielen .... （　　　　　　　　　　） Kindern Fußball.

彼らはその子どもたちと一緒にサッカーをする。

② Er sucht ein Geschenk .... （　　　　　　　　　）.

彼は彼女のためにプレゼントを探している。

③ Ich gehe .... （　　　　　　　　） Park nach Hause.

私は公園を通って家に帰る。

④ Lisa kommt .... （　　　　　　　） Bibliothek.

リーザは図書館の中から出てくる。

⑤ Es regnet .... drei Tagen.　　３日前から雨が降っています。

⑥ Morgen fahre ich .... Kyoto .... Nara.

あした私は京都から奈良へ行く。

⑦ Kommen Sie bitte .... 11 Uhr .... （　　　　　　　）！

11時に私たちのところへ来てください。

⑧ Wir reisen .... Kinder.　　私たちは子どもたち抜きで旅行します。

2 ３・４格支配の前置詞に注意して、（　）に適切な定冠詞を入れなさい。

① Das Fahrrad steht vor （　　　　　　　） Haus. 自転車は家（中）の前にある。

② Ich stelle das Fahrrad vor （　　　　　　　） Haus.

私は自転車を家（中）の前に置く。

③ Das Kind sitzt zwischen （　　　　　　　） Eltern.

その子は両親（複）の間に座っている。

④ Die Tasche steht neben （　　　　　　　） Stuhl. カバンはイス（男）の横にある。

⑤ Der Ball rollt unter （　　　　　　） Auto.

⑥ Sie geht in （　　　　　　　） Bibliothek.

⑦ Hängen Sie bitte die Uhr über （　　　　　　） Tür!

⑧ Die Kinder spielen hinter （　　　　　　） Haus.

14

3 （　　　）に前置詞と定冠詞の融合形を入れなさい。

① Die Kinder spielen （　　　　　　　　　　） Garten. 子どもたちは庭で遊んでいます。

② Gehen wir （　　　　　　　　） Café !　　　　　カフェに行きましょう！

③ Meine Mutter fährt mit dem Bus （　　　　　　　） Arbeit.

　　私の母はバスで仕事に行きます。

④ Ich gehe heute Nachmittag （　　　　　　　） Zahnarzt.

　　私はきょうの午後に歯医者へ行きます。

⑤ （　　　　　　　　） Sonntag schlafe ich immer lange.

　　日曜日に私はいつも長く寝ています。

⑥ （　　　　　　　　） Sommer fahren wir nach Okinawa.

　　夏に私たちは沖縄に行きます。

4 ドイツ語に訳しなさい。（下線部には前置詞を補い、②と③には融合形を使うこと）

① 彼はブレーメンの（in Bremen）おじさん（sein Onkel 男）<u>のところに住んでいます</u>（wohnen）。

　　．．．

② 私は自転車（Fahrrad 中）<u>で</u>駅（Bahnhof 男）<u>に</u>行きます（fahren）。

　　．．．

③ ユカは本（Buch 中）を本棚（Regal 中）の<u>中に</u>入れます（legen）。

　　．．．

④ 1年（Jahr 中）<u>前から</u>彼らはスイス（die Schweiz）<u>に</u>住んでいます（wohnen）。

　　．．．

1 下から適切な動詞を選び、正しい形にして点線部に入れなさい。

ab|fahren　an|fangen　auf|machen　auf|wecken　aus|steigen　ein|laden

① Das Fußballspiel .... um halb acht ....

② Wir .... Makoto zum Essen ....

③ Anna .... das Fenster ....

④ Der Zug .... um 10 Uhr nach Paris ....

⑤ Um 7 Uhr .... die Mutter ihre Kinder ....

⑥ .... Sie bitte in Düsseldorf .... !

2 次の文を日本語に訳しなさい。

① Makoto sieht beim Essen immer fern.

   ....

② Rufen Sie mich bitte heute Abend an.

   ....

③ Haben Sie heute etwas vor?

   ....

④ Makoto nimmt an einem Deutschkurs teil.

   ....

16

3 （　　）の従属接続詞を使って、2つの文を結びつけなさい。

① Sie lernen viel. （weil）Sie haben morgen eine Prüfung.

　　..

② Er arbeitet noch. （obwohl）Er ist müde.

　　..

③ Sie sagt. （dass）Sie hat morgen keine Zeit.

　　..

④ Ich weiß nicht. （wann）Sie kommt nach Japan zurück.

　　..

4 ドイツ語に訳しなさい。（＊は不規則動詞）

① トーマス（Thomas）は毎日（jeden Tag）早く（früh）起きます（auf|stehen）。

　　..

② 君はいつ（wann）ウィーンへ（nach Wien）出発しますか（ab|fahren＊）？

　　..

③ もし（wenn）お金（Geld 田）があれば（haben）、私は夏に（im Sommer）ヨーロッパ（Europa）へ旅行します（reisen）。

　　..

④ サッカーワールドカップ（Fußball-WM 囡）がどこで（wo）開催されるか（statt|finden）、君は知っていますか（wissen＊）？

　　..

17

Lektion 9　話法の助動詞

1 日本語の意味に合うように、（　　）に適切な助動詞を入れなさい。

① Mein Vater （　　　　　　　　　） gut Kaffee kochen.

私の父は上手にコーヒーをいれることができます。

② Entschuldigung, （　　　　　　　　　） Sie das bitte wiederholen?

すみません、もういちど言っていただけますか？

③ Makoto （　　　　　　　　　） einen BMW kaufen.

マコトはBMWを買うつもりです。

④ （　　　　　　　　　） ich bitten?

お願いしてもよいですか？

⑤ Sie （　　　　　　　　　） auch am Sonntag arbeiten.

彼らは日曜日も働かなければならない。

⑥ Ich （　　　　　　　　　） heute Abend ins Kino gehen.

私は今晩映画を見に行きたい。

⑦ Hier （　　　　　　　　　） man nicht telefonieren.

ここは電話禁止です。

⑧ （　　　　　　　　　） ich ein Glass Wasser holen?

水を一杯取ってきましょうか？

⑨ Er （　　　　　　　　　） heute zum Arzt.

彼は今日医者に行かなければならない。

⑩ Heute Abend （　　　　　　　　　） es wohl schneien.

今晩はおそらく雪が降るだろう。

18

2 （　　）の助動詞を使って文を書きかえなさい。

① Makoto heiratet Barbara.　(wollen)

　　……………………………………………………………………………………

② Dieser Computer ist kaputt.　(müssen)

　　……………………………………………………………………………………

③ Wir laden Sie zur Party ein.　(möchte)

　　……………………………………………………………………………………

④ Das Konzert endet um 21 Uhr.　(werden)

　　……………………………………………………………………………………

3 ドイツ語に訳しなさい。

① 君は車を運転できますか？（車を運転する: Auto fahren）

　　……………………………………………………………………………………

② 私たちはケルンで（in Köln）降りなくてはならない。（降りる：aus|steigen）

　　……………………………………………………………………………………

③ 君たちは夏休みに（in den Sommerferien）どこへ行く（fahren）つもりなの？

　　……………………………………………………………………………………

④ ここは（hier）写真撮影は禁止です。（写真をとる：fotografieren／主語は
manを使う）

　　……………………………………………………………………………………

19

1　３基本形の残りの２つを書きなさい。（＊は不規則動詞）

	不定形	過去基本形	過去分詞
①	....	sagte	....
②	....	wohnte	....
③	....	kam*	....
④	trinken*	....	....
⑤	bringen*	....	....
⑥	....	....	gespielt
⑦	....	....	gefahren*
⑧	....	....	gewesen*
⑨	zu|machen	....	....
⑩	verkaufen	....	....

2　次の文を過去形に直しなさい。

① Thomas studiert in München.

....

② Frau Müller ist meine Kollegin.

....

③ Wir haben keine Zeit.

....

④ Sie gehen ins Museum.

....

⑤　Am Vormittag gibt es eine Sitzung.

　　...

⑥　Der Zug fährt nach Paris ab.

　　...

⑦　Die Kinder müssen früh ins Bett gehen.

　　...

⑧　Ich will eine Weltreise machen.

　　...

3　過去形を使ってドイツ語に訳しなさい。（＊は不規則動詞）

①　君は夏休みに（in den Sommerferien）どこにいましたか（sein*）？

　　...

②　私はこの小説（Roman 男）をつまらない（langweilig）と思いました
　　（finden*）。

　　...

③　彼女は歌手（Sängerin 女）になりたかった（werden）。（wollen*）

　　...

④　私は頭痛がした（Kopfschmerzen haben*）ので（weil）、大学へ行く（zur
　　Uni gehen）ことができなかった。（können*）

　　...

1　（　　）に完了の助動詞habenまたはseinを入れなさい。

① Wir（　　　　　　）einen Ausflug gemacht.　私たちは遠足をしました。

② （　　　　　　）Herr Sato schon gekommen?　サトウさんはもう来ましたか？

③ Sie（　　　　　）auf den Fuji gestiegen.　彼らは富士山に登りました。

④ Ich（　　　　　）schon gefrühstückt.　私はもう朝食を食べました。

2　次の文を現在完了形に直しなさい。

① Wir essen heute viel.　　　　　　……………………………………………

② Er wohnt in der Schweiz.　　　　……………………………………………

③ Ich stehe um fünf Uhr auf.　　　……………………………………………

④ Verstehst du diesen Satz?　　　　……………………………………………

⑤ Barbara wird Lehrerin.　　　　　……………………………………………

⑥ Im Urlaub fliegen wir nach Spanien.　……………………………………………

3　主語をduにして現在完了形で質問しなさい。（＊は不規則動詞）

① もうその映画を見ましたか？（schon / Film 男 / sehen*）

……………………………………………………………………………

② 昨日何をしましたか？（gestern / machen）

……………………………………………………………………………

③ 夕食に何を食べましたか？（zu Abend essen*）

……………………………………………………………………………

④ 昨日どこへ行きましたか？（gestern / gehen*）

……………………………………………………………………………

4 次の文を受動文に直しなさい。

① Die Mutter liebt die Kinder.

....

② Der Vater lobt den Sohn.

....

③ Mozart komponierte „die Zauberflöte".

....

5 ワク構造に注意して、（　　）に適切な語を入れなさい。

① Sie（　　　　　　）ihm ein Buch（　　　　　　）.
   彼女は彼に本をプレゼントした（schenken）。

② Wann（　　　　　　）diese Burg（　　　　　　）?
   このお城はいつ建てられましたか（bauen）？

③ Wir（　　　　　　）im Sommer nach Deutschland（　　　　　　）.
   私たちは夏にドイツへ旅行しました（reisen）。

④ Sie（　　　　　　）am Samstag zur Uni（　　　　　　）.
   彼らは土曜に大学へ行かなくてはならない（gehen）。

6 ドイツ語に訳しなさい。（＊は不規則動詞）

① 私はもう（schon）その本（Buch 中）を読みました（lesen*）。

....

② 君はどこでそのジャケット（Jacke 女）を買いましたか（kaufen）？

....

③ 彼らは昨晩（gestern Abend）ウィーンに（in Wien）着きました（an|kommen*）。

....

④ 図書館（Bibliothek 女）は毎日（jeden Tag）21時に閉められます（schließen*）。

....

Lektion 12　形容詞・比較表現

1　点線部に適切な語尾を入れなさい。

① Der alt.......... Mann hat einen schwarz.......... Hund.

その年とった男性は黒い犬を飼っている。

② Seine neu.......... Wohnung ist sehr groß.

彼の新しい住居はとても大きい。

③ Magst du deutsch.......... Essen?

君はドイツ料理は好きですか？

④ Sie ist ein.......... nett.......... Lehrerin.

彼女は親切な先生だ。

⑤ Ich habe ein.......... gut.......... Idee.

いいアイデアがあるんだ。

⑥ Kennst du hier ein gut.......... Restaurant?

君はこの辺でよいレストランを知っていますか？

⑦ Er hat den Schlüssel sein.......... neu.......... Wohnung verloren.

彼は、彼の新しい住居の鍵をなくした。

⑧ Meine Großeltern wohnen in ein.......... klein.......... Dorf.

私の祖父母は小さな村に住んでいる。

⑨ Im letzt.......... Jahr waren sie in Deutschland.

去年、彼らはドイツにいました。

⑩ Ich wünsche Ihnen ein glücklich.......... neu.......... Jahr.

新年おめでとうございます。（←私はあなたに幸せな新年を願います）

2 次の形容詞を比較級または最上級に直して点線部に入れなさい。（＊は不規則変化）

① Japan ist .... als Deutschland. (groß)　　日本はドイツより大きい。

② Er isst .... als ich. (viel*)　　　　　　彼は私よりもたくさん食べる。

③ Dieses Problem ist .... (wichtig)　この問題が最も重要です。

④ Barbara hat einen .... Bruder und eine .... Schwester.

(alt / jung) バルバラは兄と妹がいます。

3 日本語に訳しなさい。

① Wir haben heute schlechtes Wetter.

....

② Gute Besserung!

....

③ Lisa hat längere Haare als Barbara.

....

④ Welches Auto fährt am schnellsten?

....

4 ドイツ語に訳しなさい。（＊は不規則変化）

① この白い（weiß）ジャケット（Jacke 囡）は君によく（gut）似合っている

(stehen)。

....

② 彼女は彼女の父に新しい（neu）ネクタイ（eine Krawatte 囡）を贈る

(schenken)。

....

③ タツローは私よりも上手に（gut*）歌う（singen）。

....

④ マコトはクラスで（in der Klasse）いちばんまじめ（fleißig）だ。

....

1　（　　）に適切な再帰代名詞を入れなさい。

① Er stellt（　　　　　　）ans Fenster.

② Ich erkälte（　　　　　　）oft.

③ Ich fühle（　　　　　　）heute nicht wohl.

④ Wir treffen（　　　　　　）morgen um 10 Uhr.

⑤ Der Zug hat（　　　　　　）verspätet.

2　日本語に訳しなさい。

① Das Wetter ändert sich leicht.

　　..

② Putz dir die Zähne, Makoto!

　　..

③ Es ist interessant, eine neue Sprache zu lernen.

　　..

④ Ich habe vergessen, ihm eine E-Mail zu schreiben.

　　..

⑤ Sie geht nach Deutschland, um Medizin zu studieren.

　　..

⑥ Er hat vor, nach München umzuziehen.

　　..

3 2番目の文をzu不定詞句にして、1番目の文につなげなさい。

① Sie hat den Wunsch. / Sie arbeitet in Deutschland.

....

② Es ist schwierig. / Man bekommt ein Stipendium.

....

③ Ich hatte keine Gelegenheit. / Ich lerne Geige.

....

④ Hast du Zeit? / Du hilfst mir.

....

4 ドイツ語に訳しなさい。（＊は変化に注意）

① トーマス（Thomas）はそのニュース（Nachricht 囡）をよろこんでいます。

....

② 私たちはまだ（noch）彼のことを覚えています。

....

③ 私はスーパーで（im Supermarkt）卵（Eier 覆；無冠詞で）を買う（kaufen）の
を忘れました（vergessen＊）。

....

④ 君は私といっしょにパーティーへ（zur Party）行く（gehen）気（Lust）は
ありますか？

....

1 次の文を日本語に訳しなさい。

① Der Mann, der dort raucht, ist mein Chef.

　　　………………………………………………………………………………

② Den Hut, den sie oft trägt, finde ich schön.

　　　………………………………………………………………………………

③ In Japan gibt es viele Studenten, die Deutsch lernen.

　　　………………………………………………………………………………

④ Das ist das Buch, das ich lange gesucht habe.

　　　………………………………………………………………………………

2 （　　）に正しい関係代名詞を入れなさい。

① Der Mann, （　　　　　　　　　） mit Lisa tanzt, ist Thomas.
　　リーザと踊っている男性はトーマスです。

② Thomas möchte eine Frau heiraten, （　　　　　　　　　） reich ist.
　　トーマスは金持ちの女性と結婚したがっている。

③ Barbara, （　　　　　　　　） wir heute besuchen, kommt aus Österreich.
　　私たちがきょう訪れるバルバラはオーストリア出身です。

④ Das Hemd, （　　　　　　　） ich gekauft habe, ist mir zu eng.
　　私が買ったシャツは私にはきつすぎます。

⑤ Der Film, （　　　　　　　） wir gesehen haben, war interessant.
　　私たちが見た映画はおもしろかった。

⑥ Das Hotel, in （　　　　　　　） sie übernachten, liegt am Bahnhof.
　　彼らが泊まるホテルは駅のそばにある。

3 次の文を接続法第 2 式にして書き直しなさい。

① Wenn ich Zeit habe, koche ich jeden Tag zu Hause.

....

② Wenn das Wetter schön ist, spielen wir draußen.

....

③ Ich habe gern ein Glas Bier.

....

④ Können Sie mir eine E-Mail schicken?

....

4 ドイツ語に訳しなさい。

① 私はドイツ語（Deutsch）ができる日本人を探しています（suchen）。

....

② 君があした（morgen）訪れる（besuchen）女性はどこに（wo）住んでいますか（wohnen）？

....

③ もし（wenn）天気（das Wetter）がよければ（schön sein）、私は散歩する（spazieren gehen）のに。

....

④ （もしも）ピアノが弾けたらなあ（Klavier spielen）！

....

付録：単語チェック

単語チェック（1a）

●日本語の意味を書きなさい。　　　　　　　名前＿＿＿＿＿＿＿＿＿＿＿＿＿＿

① ich　　　　（　　　　　　　）　⑧ sein　　　（　　　　　　　）

② du　　　　（　　　　　　　）　⑨ haben　　（　　　　　　　）

③ er/sie/es　（　　　　　　　）　⑩ lernen　　（　　　　　　　）

④ wir　　　（　　　　　　　）　⑪ kommen　（　　　　　　　）

⑤ ihr　　　（　　　　　　　）　⑫ heißen　　（　　　　　　　）

⑥ sie　　　（　　　　　　　）　⑬ trinken　　（　　　　　　　）

⑦ Sie　　　（　　　　　　　）　⑭ spielen　　（　　　　　　　）

単語チェック（1b）

●ドイツ語を書きなさい。　　　　　　　　名前＿＿＿＿＿＿＿＿＿＿＿＿＿＿

① （　　　　　　） 私は　　　　　　⑧ （　　　　　　） …である

② （　　　　　　） 君は　　　　　　⑨ （　　　　　　） 持っている

③ （　／　／　） 彼は／彼女は／それは ⑩ （　　　　　　） 学ぶ

④ （　　　　　　） 私たちは　　　　⑪ （　　　　　　） 来る

⑤ （　　　　　　） 君たちは　　　　⑫ （　　　　　　） …という名前である

⑥ （　　　　　　） 彼らは／それらは ⑬ （　　　　　　） 飲む

⑦ （　　　　　　） あなたは／あなたたちは ⑭ （　　　　　　） （スポーツを）する

単語チェック（2a）

●日本語の意味を書きなさい。　　　　　　　　名前＿＿＿＿＿＿＿＿＿＿＿＿

① wer　　　（　　　　　　　　　）　　⑧ woher　　（　　　　　　　　　）

② was　　　（　　　　　　　　　）　　⑨ machen　（　　　　　　　　　）

③ wo　　　（　　　　　　　　　）　　⑩ wohnen　（　　　　　　　　　）

④ wann　　（　　　　　　　　　）　　⑪ schenken（　　　　　　　　　）

⑤ warum　（　　　　　　　　　）　　⑫ kaufen　（　　　　　　　　　）

⑥ wie　　　（　　　　　　　　　）　　⑬ gehen　　（　　　　　　　　　）

⑦ wohin　　（　　　　　　　　　）　　⑭ arbeiten　（　　　　　　　　　）

単語チェック（2b）

●ドイツ語を書きなさい。　　　　　　　　　名前＿＿＿＿＿＿＿＿＿＿＿＿

① （　　　　　　　　）誰が　　　　　⑧ （　　　　　　　）どこから

② （　　　　　　　　）何が／何を　　⑨ （　　　　　　　）作る／する

③ （　　　　　　　　）どこで　　　　⑩ （　　　　　　　）住んでいる

④ （　　　　　　　　）いつ　　　　　⑪ （　　　　　　　）プレゼントする

⑤ （　　　　　　　　）なぜ　　　　　⑫ （　　　　　　　）買う

⑥ （　　　　　　　　）どのように　　⑬ （　　　　　　　）行く

⑦ （　　　　　　　　）どこへ　　　　⑭ （　　　　　　　）働く

単語チェック（3a）

●日本語の意味を書きなさい。　　　　　　　名前＿＿＿＿＿＿＿＿＿＿＿＿

① der Vater 　　（　　　　　　）　⑧ der Student 　（　　　　　　　）

② die Mutter 　（　　　　　　）　⑨ der Japaner 　（　　　　　　　）

③ das Kind 　　（　　　　　　）　⑩ das Buch 　　（　　　　　　　）

④ der Bruder 　（　　　　　　）　⑪ das Auto 　　（　　　　　　　）

⑤ die Schwester （　　　　　　）　⑫ der Tisch 　　（　　　　　　　）

⑥ der Freund 　（　　　　　　）　⑬ der Stuhl 　　（　　　　　　　）

⑦ der Lehrer 　（　　　　　　）　⑭ die Tasche 　（　　　　　　　）

単語チェック（3b）

●ドイツ語を書きなさい。　　　　　　　　　名前＿＿＿＿＿＿＿＿＿＿＿＿

① （　　　　　　）父　　　　⑧ （　　　　　　）大学生（男）

② （　　　　　　）母　　　　⑨ （　　　　　　）日本人（男）

③ （　　　　　　）子ども　　⑩ （　　　　　　）本

④ （　　　　　　）兄／弟　　⑪ （　　　　　　）車

⑤ （　　　　　　）姉／妹　　⑫ （　　　　　　）机

⑥ （　　　　　　）友人（男）⑬ （　　　　　　）いす

⑦ （　　　　　　）先生（男）⑭ （　　　　　　）バッグ

32

単語チェック（4a）

●日本語の意味を書きなさい。　　　　　　　名前＿＿＿＿＿＿＿＿＿

① der Sohn　　（　　　　　　　）　⑧ die Zeit　　（　　　　　　　　）

② die Tochter　（　　　　　　　）　⑨ das Jahr　　（　　　　　　　　）

③ der Hund　　（　　　　　　　）　⑩ der Monat　（　　　　　　　　）

④ die Katze　　（　　　　　　　）　⑪ die Woche　（　　　　　　　　）

⑤ der Hunger　（　　　　　　　）　⑫ die Stunde　（　　　　　　　　）

⑥ dasa Haus　（　　　　　　　）　⑬ die Musik　（　　　　　　　　）

⑦ die Uhr　　（　　　　　　　）　⑭ der Kuchen （　　　　　　　　）

単語チェック（4b）

●ドイツ語を書きなさい。　　　　　　　　名前＿＿＿＿＿＿＿＿＿

① （　　　　　　）息子　　⑧ （　　　　　　）時間

② （　　　　　　）娘　　　⑨ （　　　　　　）年

③ （　　　　　　）犬　　　⑩ （　　　　　　）月

④ （　　　　　　）猫　　　⑪ （　　　　　　）週

⑤ （　　　　　　）空腹　　⑫ （　　　　　　）（単位としての）時間

⑥ （　　　　　　）家　　　⑬ （　　　　　　）音楽

⑦ （　　　　　　）家族　　⑭ （　　　　　　）ケーキ

単語チェック（5a）

●日本語の意味を書きなさい。　　　　　　　名前＿＿＿＿＿＿＿＿＿＿＿＿＿

① fahren　　　（　　　　　　　）　⑧ helfen　　（　　　　　　　）

② sprechen　（　　　　　　　）　⑨ nehmen　（　　　　　　　）

③ gefallen　　（　　　　　　　）　⑩ lesen　　　（　　　　　　　）

④ schlafen　　（　　　　　　　）　⑪ sehen　　（　　　　　　　）

⑤ tragen　　　（　　　　　　　）　⑫ werden　（　　　　　　　）

⑥ essen　　　（　　　　　　　）　⑬ fragen　　（　　　　　　　）

⑦ geben　　　（　　　　　　　）　⑭ gehören　（　　　　　　　）

単語チェック（5b）

●ドイツ語を書きなさい。　　　　　　　　名前＿＿＿＿＿＿＿＿＿＿＿＿＿

①（　　　　　　）乗り物で行く　　⑧（　　　　　　）助ける

②（　　　　　　）話す　　　　　　⑨（　　　　　　）取る

③（　　　　　　）気に入る　　　　⑩（　　　　　　）読む

④（　　　　　　）眠る　　　　　　⑪（　　　　　　）見る

⑤（　　　　　　）運ぶ　　　　　　⑫（　　　　　　）…になる

⑥（　　　　　　）食べる　　　　　⑬（　　　　　　）質問する

⑦（　　　　　　）与える　　　　　⑭（　　　　　　）…のものである

単語チェック（6a）

●日本語の意味を書きなさい。　　　　　　名前＿＿＿＿＿＿＿＿＿＿

① der Morgen　（　　　　　　）　⑧ die Schule　（　　　　　　）

② der Tag　　　（　　　　　　）　⑨ der Unterricht（　　　　　　）

③ der Abend　（　　　　　　）　⑩ der Bahnhof　（　　　　　　）

④ die Nacht　（　　　　　　）　⑪ das Kino　　（　　　　　　）

⑤ der Zug　　（　　　　　　）　⑫ antworten　（　　　　　　）

⑥ das Fahrrad　（　　　　　　）　⑬ denken　　（　　　　　　）

⑦ die Stadt　（　　　　　　）　⑭ warten　　（　　　　　　）

単語チェック（6b）

●ドイツ語を書きなさい。　　　　　　名前＿＿＿＿＿＿＿＿＿＿

① （　　　　　）朝　　　　　⑧ （　　　　　）学校

② （　　　　　）昼間／日　　⑨ （　　　　　）授業

③ （　　　　　）夕方　　　　⑩ （　　　　　）駅

④ （　　　　　）夜　　　　　⑪ （　　　　　）映画館

⑤ （　　　　　）列車　　　　⑫ （　　　　　）答える

⑥ （　　　　　）自転車　　　⑬ （　　　　　）考える

⑦ （　　　　　）町　　　　　⑭ （　　　　　）待つ

単語チェック（7a）

●日本語の意味を書きなさい。　　　　　　　名前＿＿＿＿＿＿＿＿＿＿

① aus （　　　　　　　） ⑨ auf （　　　　　　　）

② mit （　　　　　　　） ⑩ hinter （　　　　　　　）

③ nach （　　　　　　　） ⑪ in （　　　　　　　）

④ von （　　　　　　　） ⑫ neben （　　　　　　　）

⑤ zu （　　　　　　　） ⑬ über （　　　　　　　）

⑥ für （　　　　　　　） ⑭ unter （　　　　　　　）

⑦ um （　　　　　　　） ⑮ vor （　　　　　　　）

⑧ an （　　　　　　　） ⑯ zwischen （　　　　　　　）

単語チェック（7b）

●ドイツ語を書きなさい。　　　　　　　　　名前＿＿＿＿＿＿＿＿＿＿

① （　　　　　　） …（の中）から ⑨ （　　　　　　） …の上

② （　　　　　　） …と一緒に ⑩ （　　　　　　） …のうしろ

③ （　　　　　　） …の後で／…へ ⑪ （　　　　　　） …の中

④ （　　　　　　） …から／…の ⑫ （　　　　　　） …の横

⑤ （　　　　　　） …（のところ）へ ⑬ （　　　　　　） …の上の方

⑥ （　　　　　　） …のために ⑭ （　　　　　　） …の下

⑦ （　　　　　　） …の周りに ⑮ （　　　　　　） …の前

⑧ （　　　　　　） …のきわ ⑯ （　　　　　　） …のあいだ

36

単語チェック（8a）

●日本語の意味を書きなさい。　　　　　　名前＿＿＿＿＿＿＿＿＿＿＿

① schreiben　（　　　　　　）　⑨ denn　（　　　　　　　　）

② studieren　（　　　　　　）　⑩ weil　（　　　　　　　　）

③ besuchen　（　　　　　　）　⑪ obwohl（　　　　　　　　）

④ bekommen（　　　　　　）　⑫ dass　（　　　　　　　　）

⑤ wissen　（　　　　　　）　⑬ ob　（　　　　　　　　）

⑥ und　（　　　　　　）　⑭ wenn　（　　　　　　　　）

⑦ aber　（　　　　　　）　⑮ als　（　　　　　　　　）

⑧ oder　（　　　　　　）

単語チェック（8b）

●ドイツ語を書きなさい。　　　　　　名前＿＿＿＿＿＿＿＿＿＿＿

① （　　　　　　）書く　　　　　⑨ （　　　　　）というのは…だから

② （　　　　　　）（大学で）勉強する　⑩ （　　　　　）…なので

③ （　　　　　　）訪問する　　　　⑪ （　　　　　）…にもかかわらず

④ （　　　　　　）もらう　　　　　⑫ （　　　　　）…ということ

⑤ （　　　　　　）知っている　　　⑬ （　　　　　）…かどうか

⑥ （　　　　　　）そして　　　　　⑭ （　　　　　）もし…ならば

⑦ （　　　　　　）しかし　　　　　⑮ （　　　　　）…した時

⑧ （　　　　　　）または

単語チェック (9a)

●日本語の意味を書きなさい。　　　　　　　名前＿＿＿＿＿＿＿＿＿＿

① gut　　　（　　　　　）　⑧ immer　（　　　　　　）

② gern　　（　　　　　）　⑨ schon　（　　　　　　）

③ heute　（　　　　　）　⑩ sehr　（　　　　　　）

④ morgen　（　　　　　）　⑪ nur　（　　　　　　）

⑤ gestern　（　　　　　）　⑫ auch　（　　　　　　）

⑥ jetzt　（　　　　　）　⑬ hier　（　　　　　　）

⑦ oft　　（　　　　　）　⑭ dort　（　　　　　　）

単語チェック (9b)

●ドイツ語を書きなさい。　　　　　　　名前＿＿＿＿＿＿＿＿＿＿

① （　　　　　）よい　　　⑧ （　　　　　）いつも

② （　　　　　）好んで　　⑨ （　　　　　）すでに

③ （　　　　　）今日　　　⑩ （　　　　　）とても

④ （　　　　　）明日　　　⑪ （　　　　　）ただ…だけ

⑤ （　　　　　）昨日　　　⑫ （　　　　　）…もまた

⑥ （　　　　　）いま　　　⑬ （　　　　　）ここに

⑦ （　　　　　）しばしば　⑭ （　　　　　）あそこに

単語チェック（10a）

●日本語の意味を書きなさい。　　　　　　名前＿＿＿＿＿＿＿＿＿＿＿＿

① dürfen 　　（　　　　　　　）　⑨ bleiben 　（　　　　　　　）

② können 　　（　　　　　　　）　⑩ bringen 　（　　　　　　　）

③ mögen 　　（　　　　　　　）　⑪ liegen 　（　　　　　　　）

④ müssen 　　（　　　　　　　）　⑫ stehen 　（　　　　　　　）

⑤ sollen 　　（　　　　　　　）　⑬ stellen 　（　　　　　　　）

⑥ wollen 　　（　　　　　　　）　⑭ sterben 　（　　　　　　　）

⑦ möchte 　　（　　　　　　　）　⑮ ziehen 　（　　　　　　　）

⑧ beginnen 　（　　　　　　　）

単語チェック（10b）

●ドイツ語を書きなさい。　　　　　　　名前＿＿＿＿＿＿＿＿＿＿＿＿

① （　　　　　　　） …してよい　　⑨ （　　　　　　　） とどまる

② （　　　　　　　） …できる　　　⑩ （　　　　　　　） 持っていく

③ （　　　　　　　） …かもしれない　⑪ （　　　　　　　） 横たわっている

④ （　　　　　　　） …しなければならない　⑫ （　　　　　　　） 立っている

⑤ （　　　　　　　） …すべきだ　　⑬ （　　　　　　　） 置く

⑥ （　　　　　　　） …するつもりだ　⑭ （　　　　　　　） 死ぬ

⑦ （　　　　　　　） …したい　　　⑮ （　　　　　　　） 引く

⑧ （　　　　　　　） 始まる／始める

単語チェック（11a）

●日本語の意味を書きなさい。　　　　　　名前＿＿＿＿＿＿＿＿＿＿＿＿

① klein　　　（　　　　　）　⑨ hoch　　　（　　　　　）

② groß　　　（　　　　　）　⑩ viel　　　（　　　　　）

③ jung　　　（　　　　　）　⑪ schön　　（　　　　　）

④ alt　　　　（　　　　　）　⑫ nett　　　（　　　　　）

⑤ kalt　　　（　　　　　）　⑬ freundlich（　　　　　）

⑥ heiß　　　（　　　　　）　⑭ neu　　　（　　　　　）

⑦ kurz　　　（　　　　　）　⑮ schnell　（　　　　　）

⑧ lang　　　（　　　　　）

単語チェック（11b）

●ドイツ語を書きなさい。　　　　　　　　名前＿＿＿＿＿＿＿＿＿＿＿＿

① （　　　　　）小さい　　⑨ （　　　　　）高い

② （　　　　　）大きい　　⑩ （　　　　　）多い

③ （　　　　　）若い　　　⑪ （　　　　　）美しい

④ （　　　　　）古い　　　⑫ （　　　　　）親切な

⑤ （　　　　　）冷たい　　⑬ （　　　　　）友好的な

⑥ （　　　　　）暑い　　　⑭ （　　　　　）新しい

⑦ （　　　　　）短い　　　⑮ （　　　　　）速い

⑧ （　　　　　）長い

単語チェック（12a）

●日本語の意味を書きなさい。　　　　　　　　名前 ＿＿＿＿＿＿＿＿＿＿＿

① sitzen （　　　　　　）　⑧ abfahren （　　　　　　）

② sich setzen （　　　　　　）　⑨ anfangen （　　　　　　）

③ sich auf ... freuen （　　　　　　）　⑩ einsteigen （　　　　　　）

④ sich an ... erinnern （　　　　　　）　⑪ vergessen （　　　　　　）

⑤ sich für ... interessieren （　　　　　　）　⑫ regnen （　　　　　　）

⑥ aufstehen （　　　　　　）　⑬ reisen （　　　　　　）

⑦ ankommen （　　　　　　）　⑭ waschen （　　　　　　）

単語チェック（12b）

●ドイツ語を書きなさい。　　　　　　　　名前 ＿＿＿＿＿＿＿＿＿＿＿

① （　　　　　　） 座っている　⑧ （　　　　　　） 出発する

② （　　　　　　） 座る　⑨ （　　　　　　） 始まる／始める

③ （　　　　　　） …を楽しみにしている　⑩ （　　　　　　） 乗車する

④ （　　　　　　） …を思い出す　⑪ （　　　　　　） 忘れる

⑤ （　　　　　　） …に興味がある　⑫ （　　　　　　） 雨が降る

⑥ （　　　　　　） 起きる　⑬ （　　　　　　） 旅行する

⑦ （　　　　　　） 到着する　⑭ （　　　　　　） 洗う

『プロムナード やさしいドイツ語文法［三訂版］』
追加練習問題、単語チェック
白水社 2024 年 2 月